GABIN
à table

À la mémoire de Blanche Chesnot, dite « Mémène »,
la cuisinière de Jean Gabin, qui vient de nous quitter à l'âge de 104 ans.
A. M.

À mon papa Jean, qui m'a nourri de Gabin, autant en paroles qu'en mets.
Y. C.

118, avenue Achille-Peretti - CS 70024
92521 Neuilly Cedex

Alexis Moncorgé

Yves Camdeborde

GABIN
à table

Photographies des recettes
Yves Duronsoy

Michel Lafon

Sommaire

L'apéritif

Les entrées

Les plats

Le fromage et les desserts

Sur le tournage de *La Traversée de Paris*

Préface

Par Yves Camdeborde

Lorsque Alexis Moncorgé, petit-fils de Jean Gabin, est venu me faire part de son projet, je n'ai pas hésité un instant car un de mes rêves se réalisait ! Évoquer « Les grands moments de table de Jean Gabin » dans un livre était un immense privilège pour l'adorateur de ce grand acteur que je suis. En effet, Gabin est une icône chez les Camdeborde et depuis toujours, toutes générations confondues ! Avoir la chance de le célébrer par des recettes traditionnelles de notre belle gastronomie française est un humble hommage et un grand honneur.

Gabin était réputé pour son coup de fourchette, et ma passion pour mon métier s'est déclenchée en grande partie grâce à lui ! Depuis que je suis cuisinier, j'ai toujours été fasciné par ses scènes de table inoubliables, dans ses films comme dans la vraie vie. « Le plaisir de bien bouffer ! » comme il le disait lui-même, et il suffit de revoir les reportages de l'époque avec ses copains Lino Ventura, Bernard Blier, De Funès, Audiard... où il évoque son amour de la cuisine ! En les revisionnant, je me suis souvent dit qu'on pourrait les compiler et les diffuser dans les écoles hôtelières ; voire les proposer comme patrimoine de l'histoire culinaire de France !

Je connais sa filmographie par cœur et un soir d'agapes, j'ai même rejoué *Un singe en hiver* au bar du Ritz avec mon ami Sébastien Lapaque. En nous remémorant la scène inoubliable de Gabin évoquant ses souvenirs d'Asie à un Belmondo fasciné... tout a basculé dans l'hilarant ! Enivrés par les arômes d'un très grand Cognac, nos âmes d'éternels adolescents se sont emportées et nous avons littéralement baptisé le bar Hemingway tout en récitant les répliques du film et nous avons clos par un ultime « Aux chiottes les Teutons ! ».

J'ai bien souvent refait aussi *la Traversée de Paris*. Le 45 rue Poliveau, le Jardin des plantes, le quai des Célestins, la rue de Turenne, la rue Lepic. On espère en vain croiser sa silhouette.

Et au-delà de l'acteur... l'homme ! Un sacré bonhomme avec lequel j'aurais eu plaisir à déboucher quelques grands crus, lui faire découvrir ma cuisine et trinquer aux richesses gastronomiques de notre beau pays ; trinquer aux femmes, à la famille, aux amis... bref, à la Vie !

Dans cet ouvrage, nous avons sélectionné avec Alexis les cinquante plats les plus représentatifs de son amour pour la bonne chère ; certaines recettes ont été réalisées à l'identique, d'autres revisitées, mais toujours avec le respect de ses préférences ! J'ai donc concocté ses plats favoris avec tendresse et déférence, et avec son aura ! 50 plats cuisinés à son image : gourmands, généreux, simples, sans chichis mais avec des subtilités, des nuances... pour se démarquer du commun.

Enfin, j'aimerais clore ce préambule par une profonde gratitude. Pour des instants précieux de cinéma ; pour son esprit et ses manières ; pour son amour de la cuisine française dont il évoquait l'essence avec élégance et noblesse ; pour son influence dans mon parcours personnel...

Je n'ai qu'un mot, ou plutôt deux :

Merci Monsieur.

À la table de mon grand-père

Par Alexis Moncorgé

Gabin et la table, vaste programme. Vaste mais alléchant. Ce fils de saltimbanques a traversé le xxe siècle (1904-1976). Il a grandi à la campagne, connu deux conflits mondiaux, dont un où il s'est engagé, le succès cinématographique international, l'exil, l'oubli du public, a serré dans ses bras les plus belles femmes du monde... Et s'il a subi injustement la vindicte paysanne, il a aussi reçu des honneurs en tous genres.

C'est dire s'il a fréquenté les plus belles tables de son époque, mais aussi les plus terribles restrictions, celles qu'impose la guerre. Cet homme qui a remporté les plus grands succès n'a pourtant jamais vécu dans le faste et aimait les choses simples. Lui qui a couru la campagne enfant, et que son père emmenait taper le carton dans les bistrots du 18e arrondissement, a toujours aimé la convivialité, de préférence autour d'un plat gourmand. Gabin, c'est d'abord cet immense acteur qui a inventé le réalisme à l'écran, « être comme dans la vie », comme il disait simplement.

Être comme dans la vie.

On disait de lui qu'il « jouait de l'intérieur », car il a très vite compris que la caméra captait les moindres détails, alors il a su adapter son jeu tandis que ses contemporains apportaient plus de théâtralité. Texte murmuré, phrasé naturel, importance du costume et du geste. C'était l'Actor's Studio avec vingt ans d'avance. On lui a souvent demandé les secrets de son potager, sa manière de travailler, mais il n'aimait pas parler de sa popote. Gabin observait énormément. Lui qui disait n'avoir connu que l'école de la vie, pouvait passer des heures assis sur une chaise pendant les tournages, à gamberger. Il épiait, s'imprégnait du monde autour de lui comme une éponge et en restituait avec un immense talent le concentré juste pour donner chair et vie à un personnage. Il composait ses rôles sans perdre ce qui le caractérisait : son incroyable naturel. Jacques Prévert a tout résumé : « Gabin, toujours le même, jamais pareil. »

Gabin, toujours le même, jamais pareil.

Les scènes de repas qui jalonnent sa filmographie sont le parfait exemple de cette recherche de vérité, car Archimède le clochard ne rompt pas le pain comme le grand patron Schoudler des Grandes Familles. Et que dire de son rôle de restaurateur dans *Voici le temps des assassins*, où chaque geste semble acquis par des années d'expérience de cuisinier ? Ce qui est sûr, c'est qu'à travers tous ces rôles, il a traversé une certaine France, photographie de son époque. Et les scènes de repas l'attestent. L'ouvrier de *Rue des Prairies* qui déjeune seul avec un coup de rouge est typique des années 1950. Le militaire déserteur qui casse la croûte dans un bar ouvert aux marginaux dans *Le Quai des brumes* symbolise l'état d'esprit antimilitariste de l'entre-deux-guerres. Les repas ouvriers et conviviaux de *La Belle Équipe* transcrivent l'esprit du Front populaire, le repas gargantuesque du *Tatoué*, avec trois plats et un trou normand, est en plein dans le faste des Trente Glorieuses...

Le Sang à la tête, 1956

Si vous lisez ce livre, c'est que vous aimez le cinéma, et peut être aussi, nous l'espérons, la gastronomie. Le cinéma et la gastronomie ont toujours été associés. Au fond, rien d'étonnant tant les deux arts se ressemblent. Conjuguer collectivement une somme de savoir-faire pour obtenir une œuvre unique à partager, en famille, entre amis, seul ou en couple. Le fond et la forme sont les mêmes : plaisir et partage. La table est le seul endroit où l'on se retrouve au moins une fois par jour, pour partager nos vies autour de ce qui nous est essentiel : la nourriture.

Les scènes de repas m'ont toujours fasciné au cinéma. Qui n'a pas en tête la colère de Piccoli découpant le gigot du dimanche chez Sautet, les plats italiens de la mère de Scorsese dans la plupart de ses films, l'orgasme de Meg Ryan dans un fast-food ou les nouilles englouties goulûment dans les restaurants de rue des thrillers coréens... Au-delà de ce qu'elles cristallisent dans le scénario, ces scènes peuvent donner l'eau à la bouche, et je me suis souvent essayé à en reproduire certains plats chez moi. Depardieu dit que lorsqu'il se met en cuisine et qu'il commence à éplucher ses légumes, c'est comme s'il épluchait son âme. En cuisine, on se délivre du superflu, les soucis du quotidien n'y ont pas leur place. Cuisiner, c'est dire « je t'aime » autrement qu'avec des mots. C'est aussi un champ d'exploration infini et en perpétuel mouvement. Une vie ne suffirait pas à goûter tout ce qui se fait à travers le monde, tout comme il est impossible de voir tous les films.

Parole d'initié : plus on aime, plus on cherche, plus on découvre. Mais il y a les classiques, les immuables. Eux traversent le temps, forgent une identité commune, et rassemblent l'humanité autour de la plus belle des agoras : la table.

Gabin fait partie du patrimoine français : ses films, son charisme, son élégance, son héroïsme pendant la Seconde Guerre mondiale, son activité d'agriculteur... Il est à lui tout seul un concentré d'une époque, d'une culture, d'un art de vivre. Je n'ai pas eu la chance de connaître mon grand-père, parti en 1976, mais je sais tout de lui par les longues discussions que j'ai eues avec mon père, souvent au cours de repas à la maison ou au restaurant, quand nous nous retrouvions en tête à tête.

Mon grand-père était une fine gueule.

Mon grand-père était une fine gueule, et nous avons gardé cet héritage dans la famille. Moi-même passionné de gastronomie, je suis souvent en cuisine quand je ne suis pas sur scène ou sur un plateau. Je suis frappé de voir que tout au long de sa carrière, un projet de film a toujours commencé par un repas au restaurant. Avant guerre dans les bistrots parisiens (Allard, Conti...) avec Prévert, Renoir, Carné et les producteurs de l'époque... Et après guerre avec les Ventura, Audiard, Grangier, son producteur Jacques Bar, à Deauville ou autour des plats confectionnées par Mémène (madame Chesnot), la cuisinière de sa propriété normande de La Pichonnière. Sur le plan culinaire, il y a donc le Gabin des villes, habitué des bistrots et des brasseries parisiennes, et celui des champs, l'éleveur de bovins normands adepte d'une cuisine rustique issue de son terroir.

Je vous propose qu'on se mette à table avec lui, en découvrant les plats iconiques qui jalonnent sa carrière cinématographique. Sans oublier l'arrière-cuisine, ce qui le régalait dans l'intimité de sa famille ou lorsqu'il retrouvait ses amis.

Ce livre se veut canal de transmission. Pour transmettre le goût de plats simples et gourmands, et l'envie de se retrouver pour partager des moments conviviaux.

Gabin, c'est avant tout la camaraderie et la fidélité. Cet esprit si fort que l'on retrouve dans *La Belle équipe* de Duvivier, par exemple, était une valeur primordiale dans sa vie. Toute au long de sa carrière, il a proposé des rôles dans ses films à des amis de longue date qui traversaient une période difficile. Il tournait souvent avec les mêmes réalisateurs, dialoguistes et équipes techniques. Ses liens avec Gilles Grangier ou Lino Ventura n'étaient pas de façade. Ainsi, au moment de mettre ce livre en route, j'ai voulu trouver le parfait lien entre cuisine et camaraderie. L'évidence s'est tout de suite imposée. Yves Camdeborde est un de nos maîtres en gastronomie, lui qui est devenu le fer de lance de la bistronomie après avoir fait ses gammes au Crillon auprès du chef Constant avec toute une jeune génération qui constitue aujourd'hui la fine fleur des tables françaises.

Son restaurant La Régalade était à deux pas de chez mon père lorsqu'il s'est installé à Paris, rapprochant le chef de notre famille. Camdeborde, c'est une cuisine soignée qui met en avant le produit et reste accessible à tous. Je ne pouvais rêver meilleur camarade pour retracer cette route culinaire à travers la vie et les films de mon grand-père.

Je lui ai dit : « Voilà ce qu'il aimait, s'il venait chez toi demain, comment lui préparerais-tu ? »

La Péniche de l'amour, 1944, avec Ida Lupino

L'apéritif

L'apéritif est un moment typiquement français, je crois d'ailleurs qu'il n'y a pas de traduction en anglais. Ce moment qui annonce le repas est dans notre famille un immanquable.

la carte

Whisky

Crépy de Savoie

Sancerre

Muscadet

Gros-plant nantais

Anis gras

Pimm's

Manzanilla

Vin chaud

Picon-bière

Calva

Mise en bouche

Cette mise en bouche qui ouvre l'appétit et qui pouvait durer longtemps chez Gabin était invariablement accompagnée d'un whisky (marque variable selon les saisons) ou de vins blancs qui ont changé à travers les époques : crépy de Savoie, sancerre, muscadet ou gros-plant nantais du Marquis de Goulaine, qu'il achetait par caisses entières et buvait bien frais. Il appréciait également l'anisette Gras l'été, le Pimm's, et la manzanilla, qui est un vin blanc andalou qu'il agrémentait d'une écrasée de sardines sur des biscottes beurrées.

Il y a une culture bistrot dans la vie et les films de mon grand-père. Souvenez-vous de la scène de *Rue des Prairies* dans laquelle il mime sur une chaise le départ d'un cycliste au Tour de France devant une assistance d'ouvriers à l'apéro. Et que dire des frasques d'Archimède le clochard au Tapanel supérieur devant le tenancier médusé (Bernard Blier)... En tout cas, sa phrase favorite en ces occasions, et que l'on retrouve dans nombre de ses films, était de dire au moment de trinquer : « Et rentrons ça vite avant qu'il ne pleuve. » Voici une sélection de ses immanquables.

Et rentrons ça vite avant qu'il ne pleuve.

- Jean Gabin -

Vin chaud

Au cours d'une scène de *La Traversée de Paris* (1956) entrée au panthéon du cinéma français, Bourvil et Gabin font une halte dans un bistrot de nuit pour se réchauffer autour d'un vin chaud. Grand-père avait insisté auprès de la production pour que, dans le rôle de Marcel Martin, elle choisisse Bourvil, qui n'était pas encore trop utilisé à contre-emploi comique à cette époque. Dans cette scène, Bourvil finit par balancer son verre sur les « affreux » patrons après l'incroyable diatribe de Gabin, qu'il termine par le légendaire « salauds d'pauvres ! ». En hiver, cette boisson vous réchauffera le ventre et le cœur si vous la partagez avec ceux que vous aimez.

le Picon-bière,
y'a rien de plus traître.

- Paul Frankeur alias Lucien Esnault, le patron du café -

Un singe en hiver

Il est devenu une boisson incontournable pour tout cinéphile qui se respecte. Gabin et Belmondo l'ont fait entrer au panthéon des apéritifs lors de leur nuit d'ivresse que le village de pêcheurs fictif de Tigreville n'a toujours pas oubliée. J'ai pour ma part fait le pèlerinage au Cabaret normand de Villerville avec un ami, un soir d'automne de ma dix-neuvième année, je vous le conseille… Il faut toutefois mesurer les doses et sa consommation car, comme le dit Paul Frankeur dans le film, « le Picon-bière, y a rien de plus traître ». Il y a toujours dans mon placard à apéritifs une bouteille de cette liqueur amère à l'orange, car il n'y a rien de mieux pour égayer une simple bière et un début de soirée.

Gabin aimait beaucoup la bière. Audiard et lui partageaient ce goût pour le breuvage houblonné, ce qui les amenait souvent, quand ils se retrouvaient, à en boire plus que de raison. Ces bières pouvaient aussi bien servir d'apéritif ou conclure une soirée gargantuesque, mais pour se rafraîchir le gosier avant de retrouver son paddock, il avait toujours une boîte de pastilles Vichy sur sa table de chevet…

Le Soleil des voyous, 1966.

Mélodie en sous-sol, 1963.

Sur le tournage de *Deux Hommes dans la ville*, 1973.

Le traquenard normand

Un jour, il reçoit Alain Delon pour le déjeuner dans sa propriété normande. Celui-ci est venu lui parler d'un projet de film. Grand-père, ému de recevoir son jeune camarade qu'il apprécie beaucoup, en profite pour lui faire visiter ses installations. Or, la jeune vedette très affairiste ne semble pas goûter aux joies de la campagne et ne partage pas l'enthousiasme du « vieux » devant les clôtures, les écuries, les chevaux et les vaches normandes. Vexé par le désintérêt non caché de Delon, grand-père décide de « se le faire ». Il met en place un stratagème avec mon père pour faire boire Delon et le mettre K.-O. Pendant que Delon parlerait de son projet, mon père le resservirait et Gabin feindrait l'intérêt. Le combat commença dès l'apéritif, avec de l'anis Gras, continua durant le déjeuner au vin, et grand-père, qui encaissait bien mieux que Delon, lui mit le coup de grâce au café, en sortant le calva. Delon repartit totalement ivre de la propriété, conduit par ma tante jusqu'à Paris, allongé sur la banquette arrière, et le projet de film ne vit jamais le jour.

Gabin buvant un coup. Buvette de Moulins-la-marche.

Vue aérienne du domaine de La Pichonnière.

La Pichonnière

En 1952, grand-père achète le domaine de La Pichonnière, dans l'Orne, en Basse-Normandie, sur la commune de Bonnefoi. Audiard disait pour rire : « C'est quand même un comble que le mec de plus mauvaise foi du monde aille s'installer dans un patelin nommé Bonnefoi. » À partir de ce moment et jusqu'à sa mort, Gabin ne cessera de développer son activité. Il commence en tant qu'éleveur avec 42 hectares et une quarantaine de vaches, pour finir avec près de 400 têtes de bovins (vaches, veaux, taureaux) sur 150 hectares au centre desquels il fait bâtir la maison familiale.

Il se lance avec de la race normande pour faire du lait, puis arrête le lait pour faire de la viande avec des charolaises et des limousines. Il créera également un centre d'entraînement de trotteurs qui fera sa fierté. Il avait l'âme d'un bâtisseur, faisait part de ses idées sur l'aménagement des infrastructures pour que le confort de ses bêtes soit optimal. Les paysans lui vendaient au prix fort des terres aux alentours et il n'a jamais sourcillé, même s'il savait qu'il se faisait avoir.

De l'avis de tous ses employés, il a été le meilleur des patrons, juste et attentionné. Il n'a jamais interdit que deux choses à ses gars : d'uriner sur les murs et de fumer dans les étables. La plupart des cachets qu'il gagnait pour le cinéma servaient à financer son exploitation agricole. Ainsi il ne comprit jamais pourquoi le monde paysan ne l'acceptait pas et ne voyait en lui qu'un acteur jouant au paysan. Blessure intime terrible et profonde que ce rejet pour un homme qui donna tout pour la terre et les bêtes. L'ultime brimade fut, à l'été 1976, d'apprendre en direct à la télévision de la bouche de Michel Debatisse, alors président de la FNSEA, que l'État lui refusait nommément le droit à l'allocation sécheresse pour son exploitation. K.-O. devant son téléviseur, il dit à mon père dans un sanglot : « Tu vois gros père, ils veulent pas de moi. » Il décida de mettre en vente la propriété le lendemain, et mourut quelques mois plus tard.

Sur le perron de la Moncorgerie, maison familiale, avec son épouse Dominique et son fils Mathias.

La Horse, 1970

C'est quand même un comble que le mec de plus mauvaise foi du monde aille s'installer dans un patelin nommé Bonnefoi.

- Jacques Audiard -

Les mots du chef

Une recette rapide et ultra gourmande qui va enchanter vos apéros ! La fraîcheur en bouche des légumes et l'acidité de la granny smith apportent un pep's nouveau aux rillettes classiques.
Bon appétit !

RILLETTES D'OIE « FRAÎCHEUR »

4 couverts

Salage des cuisses d'oie : 48 h
Préparation : 1 h
Cuisson : 5 h

Ingrédients

1 citron

1 fenouil

1 branche de céleri

1 pomme granny smith

Jus de volaille :

250 g d'ailerons de volaille

25 g de beurre

75 g d'oignons émincés

75 g de carottes en rondelles

1 petite feuille de laurier

1 petite branche de thym

1 petite gousse d'ail

Rillettes d'oie au foie gras :

1 kg de cuisses d'oie

20 g de sel gris

3 g de poivre noir de Sarawak

12 g d'ail pelé

1 g de piment d'Espelette

3 g de thym frais

1 feuille de laurier

1 kg de graisse de canard pour la cuisson

100 g de foie gras de canard ou d'oie

Jus de volaille :

1. Concasser les ailerons de volaille de façon à libérer un maximum d'arômes.
2. Faire fondre le beurre dans un sautoir et y faire revenir les ailerons.
3. Une fois ceux-ci bien colorés, incorporer la garniture aromatique et faire cuire l'ensemble quelques minutes, puis dégraisser ce fond et le mouiller à hauteur.
4. Monter le fond à ébullition, écumer et le cuire à frémissement pendant 1 heure.
5. Filtrer en fin de cuisson et laisser refroidir.

Rillettes d'oie au foie gras :

1. Mettre les cuisses d'oie dans le sel gris pendant 48 heures. Les dessaler en les passant sous l'eau.
2. Déposer les cuisses, le poivre, l'ail, le piment, le thym et le laurier dans une casserole, puis les recouvrir avec la graisse de canard et faire cuire pendant 4 heures à toute petite ébullition.
3. Égoutter la graisse et les cuisses. Récupérer la peau des cuisses et l'ail.
4. Tailler la peau des cuisses en gros morceaux, et la faire caraméliser au four préchauffé à 150 °C (th. 5) pendant une bonne dizaine de minutes. Elle doit être bien dorée ! Réserver.
5. Désosser les cuisses en gros morceaux et jeter les os. Déposer la chair des cuisses (vous devez en avoir obtenu 400 g) dans un grand saladier avec l'ail et la peau, puis ajouter le foie gras. Mélanger délicatement l'ensemble.
6. Ajouter 150 g de graisse de cuisson et 100 g de jus de volaille (voir recette ci-dessous).
7. Vérifier l'assaisonnement, puis conserver au frais quelques jours avant l'utilisation finale.

Dressage :

1. Émincer finement le fenouil, le céleri et la pomme avec une mandoline.
2. Mettre les rillettes dans un joli contenant et planter harmonieusement les bâtonnets de légumes et de pomme dedans.
3. Faire toaster quelques tranches de pain et déguster ces rillettes avec une goutte de citron.

TEMPURAS DE BIGORNEAUX ET DE COURGETTES

4 couverts

Préparation : 45 min
Cuisson : 25 min

Ingrédients

1 l de gros bigorneaux

1 l d'eau

30 g de sel

2 feuilles de laurier

2 branches de thym

100 g de courgette (soit 1 courgette fine)

1 cuil. à café de curry

15 cl de bière blonde

100 g de farine

20 g de gingembre confit

Piment d'Espelette

Huile d'arachide

Gabin raffolait des étrilles et des bigorneaux lors de ses vacances en Bretagne, à Sainte-Anne-la-Palud.

Cuisson des bigorneaux :

1. Verser les bigorneaux dans une grande casserole et les recouvrir totalement d'eau avec le sel, le thym et le laurier, puis laisser cuire 20 minutes à petite ébullition.
2. Laisser refroidir les bigorneaux dans l'eau de cuisson, et bien les égoutter avant de les décortiquer
3. Déposer les chairs dans une passoire ; garder les coquilles pour le dressage.

Réalisation :

1. Dans un saladier, déposer les chairs des bigorneaux ; incorporer le gingembre confit taillé en petits morceaux ; assaisonner d'une cuillère à café de curry et mélanger délicatement.
2. Laver et découper la courgette en morceaux, puis la tailler en gros bâtonnets (en forme de frites).
3. Déposer les bâtonnets dans une assiette ; les assaisonner de sel, d'une pointe de piment d'Espelette et d'une pointe de curry, bien mélanger.
4. Dans un petit saladier, verser la farine et ajouter une pincée de sel puis verser progressivement la bière tout en mélangeant énergiquement afin d'obtenir une pâte homogène.
5. puis verser dans 2 petits saladiers pour réaliser d'un côté les tempuras de courgettes et de l'autre ceux de bigorneaux.
6. Verser l'huile d'arachide (3 cm de hauteur) dans une grande casserole et faire chauffer à 160 °C. Y plonger les tempuras de courgette. Une fois cuits, les extraire à l'aide d'une écumoire et les déposer sur du papier absorbant.
7. Faire de même avec les tempuras de bigorneaux.

Dressage :

1. Verser les coquilles des bigorneaux dans une grande assiette comme fond décoratif, et déposer par-dessus les tempuras de courgette et de bigorneaux.
2. Assaisonner les beignets d'une pointe de fleur de sel et d'un nuage de piment d'Espelette.
3. Déguster sans attendre.

Conseil :

Attention aux projections d'huile ! Une friteuse s'impose, mais si vous n'en possédez pas, utilisez une casserole. Par ailleurs, notez que l'huile de friture ne s'utilise qu'une fois et ne se conserve pas !

RILLETTES DE SARDINES ET MINI CROQUE-MONSIEUR

4 couverts

Préparation : 10 min
Repos : 1 nuit
Cuisson : 3 min

Ingrédients

230 g de sardines à l'huile (en boîte)

1 pointe de piment d'Espelette

30 g de parmesan râpé

1 oignon blanc nouveau

1 cuil. à soupe de ciboulette ciselée

1 cuil. à soupe de crème fraîche épaisse

4 tranches de cheddar

8 tranches de pain de mie

La veille :

1. Écraser les sardines avec le piment d'Espelette et le parmesan dans un récipient jusqu'à obtenir une texture de rillettes.
2. Incorporer l'oignon ciselé très finement, la ciboulette et la crème fraîche, et mélanger jusqu'à obtenir une belle texture homogène.
3. Recouvrir 4 tranches de pain de mie d'une tranche de cheddar, puis les tartiner d'une couche bien épaisse de rillettes de sardines.
4. Recouvrir d'une seconde tranche de pain de mie et envelopper ces sandwichs dans du film alimentaire.
5. Les laisser une nuit au réfrigérateur (cette opération permet aux saveurs de se libérer et de bien imbiber la mie du pain).

Le jour même :

1. Préchauffer le four à 200 °C (th. 6-7).
2. Saisir rapidement les croques avec un fond d'huile d'olive dans une grande poêle (ou un appareil à croque-monsieur) pour colorer harmonieusement les deux faces.
3. Puis les enfourner pour 3 minutes.
4. Pour servir, découper les croques en carrés et les monter en pyramides.

Les mots du chef

Facile et rapide, une recette qui saura satisfaire tous les palais ! Je vous livre ici non pas une, mais deux recettes à base de sardines ! (Que vous pouvez aussi réaliser avec du thon ou tout autre poisson.) Par ailleurs, je vous conseille de préparer ces rillettes 48 heures avant, les saveurs se développeront avec plus de force et d'harmonie. Pour l'apéro ou accompagner une salade, hiver comme été, un succès assuré !

ÉTRILLES AU BOUILLON D'ALGUES

4 couverts

Préparation : 5 min
Cuisson : 15 minutes

Ingrédients

20 belles étrilles

3 types d'algues différentes (laitue de mer, dulse, wakamé, par exemple) ou mélange d'algues bio en sachet

1 bouquet garni

1 poignée de gros sel

1 cuil. à soupe de poivre

Réalisation :

1. Déposer les étrilles dans une cocotte et les recouvrir d'eau.
2. Ajouter 1 cuillerée à soupe de chaque algue (ou 3 cuillerées du sachet), le gros sel, le poivre et le bouquet garni.
3. Porter à ébullition et laisser cuire 15 minutes.
4. Laisser refroidir les étrilles dans leur bouillon de cuisson.
5. Verser le bouillon dans une soupière, déposer les étrilles dessus.

Les mots du chef

Une recette qui va émoustiller vos palais ! L'étrille est mon crustacé favori, je retrouve dans sa chair délicate – sublimée par les notes iodées des algues – toutes les finesses de l'océan ! Même si ce petit crabe ne semble pas généreux en chair, on est conquis par sa présence en bouche. Je vous recommande de déguster ces étrilles avec une mayonnaise bien aillée et bien relevée, et de généreuses tranches de pain toasté. Bon appétit !

PÂTÉ EN CROÛTE

6-8 couverts

Réalisation sur 3 jours
Cuisson : 1 h

Ingrédients

Pour la pâte :

350 g de farine
175 g de fécule de pomme de terre
14 g de sel
1 g de curcuma
1 g de piment d'Espelette
1 cl de vinaigre blanc
9 cl d'eau minérale (ou filtrée)
310 g de beurre pommade
50 g d'œuf

Pour la farce :

600 g de poitrine de porc
150 g de foie de volaille
250 g de cuisses de poulet désossées
2 tranches de pain de mie
15 cl de lait chaud
1 noix de muscade
20 g de pistaches
1 gousse d'ail
2 oignons blancs
1 botte de persil
1 œuf
25 cl de crème fleurette
8 g de sel
2 g de poivre
1 pincée de piment d'Espelette
2 cl d'armagnac

Pour la gelée :

50 cl de bouillon de viande ou de légume (l'idéal étant d'avoir un reste de bouillon de pot-au-feu)
5 cl de porto
7 feuilles de gélatine

1er jour : préparation de la pâte, de la farce et de la gelée

La pâte :

1. Mélanger farine, fécule, sel, curcuma et piment, puis ajouter le vinaigre et l'eau.
2. Bien pétrir au batteur, puis ajouter le beurre pommade, et enfin incorporer l'œuf.
3. Battre jusqu'à obtention d'une pâte homogène et lisse.
4. Laisser reposer toute une nuit au réfrigérateur.

La farce :

1. Demander au boucher de hacher (à la grille fine) le porc, les foies de volaille et le poulet.
2. Couper le pain de mie en gros morceaux dans un saladier, et verser le lait chaud dessus, puis râper un peu de noix de muscade au-dessus.
3. Laisser refroidir et écraser fortement le pain à la fourchette.
4. Concasser les pistaches, puis hacher l'ail et les oignons ; ciseler le persil et mélanger délicatement l'ensemble.
5. Battre l'œuf et la crème dans un récipient, puis assaisonner de sel, poivre, et piment d'Espelette.
6. Rassembler toutes les préparations dans un même saladier, et mélanger délicatement, puis ajouter l'armagnac.

La gelée :

1. Mettre les feuilles de gélatine à ramollir dans l'eau froide.
2. Faire chauffer doucement le bouillon et le porto, incorporer les feuilles de gélatine égouttées, les laisser fondre, puis réserver la gelée à température ambiante.

2e jour : montage et cuisson

1. Préchauffer le four à 220 °C (th. 7- 8).
2. Étaler la pâte, puis en chemiser une terrine sur les 4 côtés et sur une épaisseur de 5 cm, en laissant déborder 3 cm de pâte de chaque côté. Laisser reposer au réfrigérateur 30 minutes.
3. Remplir le moule de la farce, en prenant soin de bien la tasser.
4. Replier les rabats de pâte et, à l'aide d'un pinceau et d'un œuf battu, dorer les rabats puis les recouvrir d'une bande de pâte ; réaliser des motifs avec la pointe d'un couteau.
5. Avec une douille, percer 3 « cheminées » au centre du pâté pour permettre à la vapeur de s'évacuer (consolider avec des petits tubes en aluminium ménager afin que les cheminées ne se referment pas pendant la cuisson).
6. Enfourner pour 20 minutes ; baisser ensuite la température à 160 °C (th. 5-6) et poursuivre la cuisson 40 minutes.
7. Sortir le pâté du four puis verser délicatement la gelée dans les cheminées en 4 fois et avec 15 minutes de pause entre les introductions de gelée.
8. Mettre au réfrigérateur toute la nuit.

3e jour : dressage et dégustation

Démouler le pâté en croûte dans un beau plat de service, découper l'entame et la réserver, puis servir le pâté accompagné des pickles (voir recette ci-contre) présentés dans un récipient transparent.

Les mots du chef

Il est grand temps de casser la croûte… de ce pâté succulent, accompagné de pickles croquants aux couleurs vives et aux saveurs vinaigrées qui remplaceront les traditionnels cornichons. Cette recette demande du temps et un peu de technique, mais quel plaisir, quelle satisfaction de réaliser cette pure « œuvre d'art » !

PICKLES DE LÉGUMES

Préparation : 10 min
Cuisson : 30 min
Délai avant consommation : 15 jours

Ingrédients

Pour la base liquide :
100 g de sucre roux
20 cl d'eau
40 cl de vinaigre de cidre
4 brindilles de thym
2 feuilles de laurier
1 clou de girofle
1 cuil. à café de graines de coriandre
1 cuil. à café de poivre noir
1 cuil. à café de baies roses
1 cuil. à café de gros sel
1 baie de genièvre
Pour les légumes :
1 oignon rouge
1 navet blanc
1 navet boule d'or
5 gros cornichons

La base liquide :

1. Porter tous les ingrédients à ébullition dans une casserole.
2. Laisser infuser à température ambiante et à couvert jusqu'à total refroidissement.

Les légumes :

1. Éplucher l'oignon, le tailler en deux, puis en tranches de 0,5 cm d'épaisseur dans le sens de la largeur.
2. Émincer les navets après les avoir lavés avec soin ; trancher les cornichons. Déposer les légumes dans le bocal, verser la base liquide. Fermer.

Les mots du chef

Un condiment gourmand et coloré qui rehausse tous les plats ; que ce soit une simple salade verte, des viandes froides ou des charcuteries. Attention, le délai minimal avant consommation est de 15 jours.

Les entrées

Mon grand-père a grandi à la campagne, à Mériel, dans l'Oise, entouré de femmes. Sa mère, ses sœurs, sa tante, toutes lui ont donné le goût des plats en sauce conviviaux qu'il gardera toute sa vie.

Camaraderie

Il faut imaginer ces cuisines d'avant la Première Guerre mondiale, où les marmites restaient sur le poêle, qui chauffait aussi la maison. Chaque plat cuisait lentement pendant des heures, embaumait toutes les pièces et servait à faire plusieurs repas. Gabin était plus gourmand que gourmet, mais il avait une érudition toute particulière dans ce domaine et n'hésitait pas, entre deux prises, à partager ses connaissances en discutant de certains plats ou restaurants sur un plateau de tournage avec ses compagnons.

Même s'il ne cuisinait pas, il connaissait les secrets de nombre de recettes et aimait en parler des heures avec ses compères en la matière : Jean Renoir, Lino Ventura, Bernard Blier... La cuisine, c'était du sérieux.

La table a ponctué les grands moments de sa vie. Il a rencontré beaucoup de ses conquêtes lors de dîners (Michèle Morgan, Ginger Rogers, Marlene Dietrich) et savait y avoir des manières des plus élégantes et charmeuses. C'est également, aux dires de ses proches, lors de ces retrouvailles gustatives qu'on trouvait le Jean drôle, bavard et détendu qui rompait avec son caractère d'ordinaire plutôt taciturne. Prévert n'a-t-il pas dit de lui qu'il était « sobre comme le vin rouge, simple comme une tache de sang et parfois gai comme le petit vin blanc » ?

Sur le tournage de *Deux Hommes dans la ville*, avec Alain Delon.

Avec Jeanne Moreau sur le tournage de *Gaz-Oil* en 1955.

Avec Jean-Paul Belmondo pour les adieux de Louis Seigner à la Comédie-Française.

Sobre comme le vin rouge, simple comme une tache de sang et parfois gai comme le petit vin blanc.

- Jacques Prévert -

Jean Gabin et Suzanne Flon sur le tournage d'*Un singe en hiver* (1962).

Michèle Morgan, Jean Gabin et Henri Jeanson lisant le script de *La Minute de vérité*, film de Jean Delannoy.

Henri Verneuil, Michel Audiard, Jean-Paul Belmondo, Jean Gabin et Jacques Bar sur le tournage d'*Un singe en hiver*, 1962.

Soirée à La Calvados, restaurant parisien où Gabin retrouvait souvent Yves Montand, Pierre Fresnay, Yvonne Printemps et Simone Signoret.

Autour d'une table

Tous ses rendez-vous professionnels, de l'élaboration d'un film à la rencontre des rôles principaux, se faisaient autour d'un repas au restaurant. Les adresses ont varié, certaines ont disparu, tel Chez Marianne boulevard de Clichy, d'autres existent toujours comme Sébillon, Chez Allard ou Conti. Dans ces brasseries sont nés *La Grande Illusion*, *Le jour se lève*, *La Belle Équipe*, *La Bête humaine*, que des classiques du cinéma français.

Il travaillait souvent avec les mêmes personnes en fonction des époques, il marchait à la confiance, à la camaraderie. Il y avait chez lui ce côté artisanal, compagnonnage, où un contrat ne se signait pas autour d'un bureau, mais à la parole autour d'un « p'tit beaujolais bien frais », en trinquant.

À ce sujet, notre famille est originaire des monts du Lyonnais, précisément du village de Mardore, région au pied de laquelle fleurissent les vignes du Beaujolais.

Pas étonnant donc que Gabin ait apprécié particulièrement ce vin, et d'ajouter : « Je boirai du lait le jour où les vaches mangeront du raisin. »

Je boirai du lait le jour où les vaches mangeront du raisin.

- Jean Gabin -

FEUILLETÉS AU FROMAGE, SALADE DE MÂCHE ET JAMBON

4 couverts

Préparation : 30 min
Cuisson : 10 min

Ingrédients

1 litre de lait entier

1 bâton de citronnelle

4 feuilletés prêts à garnir ou faits maison (recette ci-contre)

130 g de beurre

80 g de farine

5 jaunes d'œufs

400 g de fromage râpé

Noix de muscade

Salade de mâche

4 belles tranches de jambon

Ail noir

1 cive

Huile d'olive, vinaigre de vin

Sel, poivre en grains

Cerneaux de noix

Pour les rouleaux feuilletés :

1 pâte feuilletée

Lait

4 boudins d'aluminium ménager (ou 4 tubes en inox pour roulés de 10 x 2,5 cm de diamètre)

Rouleaux feuilletés :

1. Étaler la pâte feuilletée et la découper en bandes fines, puis découper les feuilles de papier sulfurisé en bandes de 3 cm de large.
2. Beurrer les tubes et les entourer de bandes de pâte en les faisant légèrement chevaucher.
3. Badigeonner avec un peu de lait et enfourner à four chaud pour les dorer légèrement, puis laisser refroidir avant de retirer les tubes.

Béchamel :

1. Faire bouillir le lait avec le bâton de citronnelle dans une casserole et laisser infuser pendant 10 minutes. Profiter de ce délai d'infusion pour faire fondre 80 g de beurre dans une autre casserole.
2. Incorporer la farine puis fouetter 5 minutes afin d'obtenir une texture lisse et onctueuse.
3. Verser progressivement le lait infusé de citronnelle et porter à ébullition 5 minutes.
4. Mélanger dans un saladier les jaunes d'œufs avec 200 g de fromage râpé puis incorporer la béchamel. Assaisonner de sel, poivre, noix de muscade râpée, et ajouter les 50 g de beurre cru restants.
5. Mettre l'appareil au réfrigérateur jusqu'à refroidissement complet.
6. Préchauffer le four à 200 °C (th. 6-7).
7. Remplir une poche à douille de l'appareil et l'incorporer dans les rouleaux de pâte feuilletée, puis tremper chaque extrémité dans le fromage râpé.
8. Déposer les rouleaux dans un plat à gratin et enfourner pour 10 minutes.

Salade de mâche et jambon :

1. Déposer la mâche dans un joli saladier et ajouter le jambon coupé en fines lanières, quelques pétales d'ail noir, la cive émincée, des cerneaux de noix concassés pour donner du croquant à l'ensemble.
2. Assaisonner de 2 cuillerées à soupe d'huile d'olive et 1 cuillerée à soupe de vinaigre de vin.

Ce sont les feuilletés de la boucherie Birmel, à l'Aigle dans l'Orne, que Gabin préférait.

HARICOTS BLANCS EN SALADE, AIL NOIR

4 couverts

Préparation : 20 min la veille
+ 10 min le jour même
Cuisson : 45 min
Repos : 1 nuit

Ingrédients

300 g de haricots blancs secs

100 g de poitrine de porc fumée

1 oignon blanc

1 carotte

1 bouquet garni

1 clou de girofle

1 cuil. à café de poivre en grains

1 cuil. à soupe de gros sel

2 échalotes

Ail noir

1 cuil. à soupe de vinaigre de vin

2 cuil. à soupe d'huile d'olive

Persil

Sel, poivre

La veille :

1. Déposer dans une grande casserole les haricots blancs, la poitrine de porc, l'oignon épluché et émincé, la carotte épluchée, le bouquet garni, le clou de girofle, le poivre en grains et le gros sel, puis recouvrir d'eau (3 cm au-dessus des ingrédients).
2. Porter à ébullition, écumer la mousse qui se dépose à la surface et sur les parois de la casserole. Laisser cuire à petit feu durant 45 minutes. Contrôler la cuisson des haricots en en pressant un entre vos doigts, celui-ci ne doit opposer aucune résistance. Laisser les haricots reposer dans leur eau de cuisson toute une nuit au frigo.

Le jour même :

1. Déposer dans un bol les échalotes pelées et coupées dans le sens de la longueur, puis incorporer le vinaigre de vin et laisser mariner 30 minutes.
2. Égoutter les haricots. Les verser dans un saladier, ajouter la poitrine de la cuisson découpée finement, puis la marinade d'échalotes, Mélanger. Disposer quelques lamelles d'ail en saumure (ou d'ail noir) sur la salade, assaisonner avec l'huile d'olive, 1 pincée de sel et de poivre.
3. Servir la salade dans 4 belles assiettes, parsemée de persil ciselé.

Les mots du chef

Une entrée bien savoureuse qui redonne au haricot blanc ses lettres de noblesse ! Cette recette peut également servir d'accompagnement sous forme de purée pour un poisson, une viande blanche ou... un agneau de sept heures (voir recette p. 117).

La fameuse salade de haricots blancs des frères Cooren dont Gabin se régalait sur les hippodromes.

Champs de courses

Grand-père avait hérité sa passion des chevaux de son père, qui l'emmenait déjà très jeune sur le turf. Dans les années 1950, il s'associe à un ami pour acquérir des chevaux avant d'avoir ses propres élevages et centre d'entraînement. Il allait régulièrement sur les champs de courses profiter des belles réunions et voir courir ses chevaux sous sa casaque bouton d'or, toque lilas. À Deauville, Longchamp, Auteuil ou Vincennes, il croisait la profession et se sentait comme un poisson dans l'eau, hors du monde du cinéma.

Quand il y déjeunait, il raffolait particulièrement d'une salade de haricots blancs. Celle-ci venait du maître d'hôtel François, employé des frères Cooren qui géraient la restauration des hippodromes parisiens.

À la buvette de son hippodrome de Moulins-la-marche dans l'Orne.

Gabin s'essayant au sulky pour les besoins du film *Le Cave se rebiffe* (1961).

Gabin accompagné de Jack Cunnington (à gauche) et du jockey Louis Auriemma portant ses couleurs (casaque bouton d'or et toque lilas).

Lors d'une course à Enghien-les-Bains, vers 1960.

SALADE DE TOMATES, TOBIKO ET ŒUFS MI-CUITS

4 couverts

Préparation : 15 min
Cuisson : 7 minutes

Ingrédients

4 tomates

4 œufs

Basilic

Oignons nouveaux

1 pot de tobiko
(œufs de poissons volants)

Noix de cajou

Parmesan

L'assaisonnement

Les graines de **1** grenade

4 cl de vinaigre de cidre

12 cl d'huile d'olive

Sel, poivre

1 pointe de couteau de poudre de curry

Réalisation :

1. Laver les tomates, couper les pédoncules et inciser en croix la base avec la pointe d'un couteau, puis les plonger 10 secondes dans une casserole d'eau bouillante salée.
2. Les déposer ensuite dans un récipient d'eau froide afin de provoquer un choc thermique qui facilitera l'émondage.
3. Plonger délicatement les œufs à l'aide d'une cuillère à soupe dans l'eau frémissante d'une casserole pendant 7 minutes.
4. Les déposer ensuite dans un récipient d'eau froide pour stopper la cuisson. Les écaler sous l'eau froide.
5. Préparer la vinaigrette dans un grand bol.
6. Trancher 1 tomate dans chacune des assiettes de service.
7. Couper les oignons très finement, en coupant également quelques centimètres de tige verte), puis en déposer l'équivalent d'une cuillerée à café sur chaque tomate.
8. Ajouter 1 cuillerée à soupe d'œufs tobiko, 1 cuillerée à café de noix de cajou concassées, des copeaux de parmesan et du basilic ciselé.
9. Terminer par l'œuf coupé en deux puis assaisonner avec la vinaigrette.

Conseil :

Sur le plan culinaire, le tobiko est principalement utilisé dans la préparation de sushis et de sashimis, mais vous pouvez l'utiliser comme garniture pour de nombreuses recettes salées : avec du riz, dans des omelettes, sur des blinis, avec du fromage ou dans des salades, comme ici ! On trouve du tobiko dans la plupart des épiceries japonaises et asiatiques.

Les mots du chef

Une recette franco-asiatique qui va vous surprendre et vous enthousiasmer ! La saveur principale du tobiko est iodée, salée, légèrement fumée, tout en gardant une douceur subtile. La texture mi-cuite de l'œuf est un liant onctueux et plus que gourmand qui se marie avec harmonie avec les ingrédients de cette salade fraîche et gourmande, twistée par une vinaigrette bien tonique !

HARENGS FUMÉS ET POMMES DE TERRE À L'HUILE

4 couverts

Préparation sur 2 jours
Cuisson : 20 min

Ingrédients

12 filets de hareng fumé

1 cuil. à soupe de gingembre frais coupé en petits morceaux

1 bouquet de thym

2 gousses d'ail émincées

2 oignons rouges coupés en fines rondelles

2 carottes épluchées et émincées finement

1 cuil. à café de graines de moutarde

1 cuil. à café de poivre noir en grains

1 cuil. à café de baies de genièvre

2 étoiles de badiane

1 cuil. à café de coriandre fraîche

400 g de pommes de terre nouvelles

Huile d'olive

Huile d'arachide

Vinaigre de vin rouge

La veille :

1. Déposer les harengs dans un grand saladier, les parsemer du gingembre, puis incorporer le thym, l'ail, les oignons rouges, les carottes, les graines de moutarde, le poivre, les baies de genièvre et la badiane.
2. Recouvrir de moitié huile d'olive, moitié d'huile d'arachide, et laisser mariner au réfrigérateur 24 heures. (Cette préparation peut se conserver 6 jours au réfrigérateur.)

Le jour même :

1. Faire cuire les pommes de terre dans l'eau salée (départ à froid), les éplucher, puis les tailler en fines lamelles.
2. Inciser les filets de harengs de quelques légers coups de couteau, puis les rouler sur eux-mêmes.
3. Déposer les harengs dans un joli plat de service, accompagnés des lamelles de pommes de terre.
4. Disposer ensuite sur le plat les rondelles de carottes et d'oignons rouges, du thym, et assaisonner de 2 généreuses cuillerées de marinade et d'une cuillerée à café de vinaigre de vin rouge.
5. Décorer avec quelques graines de moutarde marinées et des feuilles de coriandre fraîche.

Les mots du chef

Une grisante revisite de ce plat emblématique des bistrots parisiens, twistée par le gingembre qui apporte une saveur nouvelle et originale. Lors de la saison des légumes verts, on peut accompagner cette préparation d'une jolie salade gourmande de légumes printaniers bien relevée d'un trait de vinaigre de vin. Bon appétit !

SAUCISSON LYONNAIS, SALADE DE POMMES DE TERRE

4 couverts

Préparation : 20 min
Cuisson : 30 min

Ingrédients

1 saucisson de Lyon

1 carotte épluchée

1 oignon blanc épluché

Thym

Laurier

1 branche de céleri

8 pommes de terre

Piment d'Espelette

1 cuil. à café de poivre

6 baies de genièvre

1 cuil. à soupe de cive émincée

2 échalotes émincées

Coriandre ciselée

2 cuil. à soupe de vinaigre balsamique

2 cuil. à soupe d'huile d'olive

1 cuil. à café de noisettes concassées

12 cerises au vinaigre

Gros sel

Réalisation :

1. Déposer dans une grande casserole le saucisson lyonnais, la carotte, l'oignon, du thym et du laurier, la branche de céleri ainsi que les pommes de terre nettoyées mais non épluchées.
2. Saupoudrer d'une pointe de piment d'Espelette, incorporer le poivre, les baies de genièvre et le gros sel. Recouvrir d'eau.
3. Dès l'ébullition, baisser le feu et laisser cuire à petit frémissement durant 20 minutes.
4. Extraire le saucisson de la casserole et relancer le feu pour 10 minutes, le temps que les pommes de terre soient cuites à la perfection.
5. Retirer les pommes de terre et les découper en quartiers, puis les déposer dans un saladier.
6. Incorporer la cive et les échalotes, la coriandre, le vinaigre balsamique et l'huile d'olive.
7. Retirer la peau du saucisson, le couper en tranches et l'incorporer à la salade.
8. Dresser dans les assiettes, parsemer de noisettes concassées et surmonter de 2 ou 3 cerises au vinaigre.

Les mots du chef

Une revisite d'un grand classique inspirée par mon épouse chérie, originaire de cette gourmande région ! Si le cornichon est un ingrédient que j'estime conventionnel, la cerise macérée apporte du pep's à cette recette traditionnelle !

La salade de pommes de terre :
une des recettes sur lesquelles Gabin et Renoir se chamaillaient.

Touchez pas au grisbi

Le film qui signe le renouveau, le second souffle dans la carrière de Gabin dix ans après la fin de la Seconde Guerre mondiale. Encore un classique, cette fois dans le genre des films de gangsters. Scorcese en est tellement fan qu'il s'inspire ouvertement de la ligne d'harmonica signé Jen Wetzel pour le thème principal de son *Irishman*. Il a même comparé la performance de De Niro dans *Casino* à celle de Gabin dans ce film. On y retrouve tous les codes du genre : night-clubs, jazz, fumée de cigarettes et sulfateuses. Le dernier coup de deux voyous grisonnants ne se passe pas comme prévu. Mais dans ce film, Gabin incarne un nouveau genre de gangster ultra séducteur, cool et rassurant, qui ne laissera jamais un copain dans la mouise. Becker innove.

Jamais on n'avait vu les voyous à l'écran dans leur intimité, en pyjama, en train de se laver les dents. Dans sa planque cossue, Max partage « sans chichi » un foie gras-biscotte, arrosé de muscadet, en expliquant à son pote Riton qu'il ne le laissera pas tomber, bien que ce dernier soit à deux doigts de faire foirer leur coup. Max, gangster séducteur de première classe, emmène une de ses conquêtes de la haute déjeuner dans un petit bistrot typiquement parisien, où il commande un bœuf ficelle en toute simplicité.

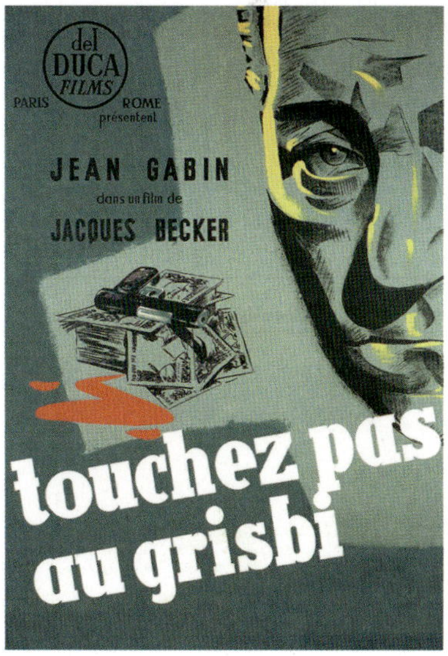

Les mots du chef

J'entends déjà les : « Pour les fêtes, ce sera du 100 % maison car je compte préparer mon propre foie gras ! » Et je n'ai qu'une réponse : vous avez bien raison ! En effet, j'estime que les foies gras préparés dans le commerce ne seront jamais à la hauteur d'une recette réalisée chez soi. Pour moi qui suis originaire du Béarn, le foie gras est un mets classique que je déguste avec toujours autant de plaisir, et de la plus simple façon qui soit : avec du sel et du poivre. Vous pouvez néanmoins incorporer un alcool qui vous tient à cœur (vin doux, porto rouge ou blanc, pineau des Charentes, cognac ou armagnac...) Par ailleurs, les puristes seront certainement surpris de constater que la cuisson est ici faite au micro-ondes... Eh oui ! Pour l'avoir réalisée à des centaines de reprises lors d'apéros et de repas au débotté, je vous garantis que cette terrine a toujours fait l'unanimité ! Soyez assuré de vous régaler.

TERRINE DE FOIE GRAS DE CANARD MI-CUIT

4 couverts

Préparation sur 2 jours
Cuisson : 4 min

Ingrédients

1 foie gras de 400 à 500 g

50 cl de lait

10 g de fleur de sel

10 g de poivre noir concassé

1 beau pain de campagne

La veille :

1. Mettre le foie gras à température ambiante.
2. Déveiner le foie gras et retirer le fiel (on peut aussi demander à son boucher de procéder à cette opération) : séparer les deux lobes, et retirer la fine peau ; inciser le gros lobe à l'aide d'un petit couteau, détacher la veine en tirant délicatement vers soi et procéder de la même manière sur le petit lobe.
3. Déposer le foie dans un saladier et le couvrir de lait afin qu'il soit totalement immergé. Laisser reposer au réfrigérateur pendant 2 heures. Retirer le foie du saladier et bien le sécher.
4. Le rouler dans le poivre et le sel, puis le déposer dans une terrine.
5. Mettre la terrine au micro-ondes en position « cuisson » pendant 4 minutes.
6. Laisser la terrine au réfrigérateur pendant 24 heures.

Le jour même :

1. Découper le foie gras en tranches de 0,5 cm avec un couteau à lame fine passée régulièrement sous l'eau tiède.
2. Accompagner ce foie gras de toasts de pain de campagne grillés.
   Un bonheur !

Conseil :

Bien qu'il puisse se suffire à lui-même, le foie gras peut être accompagné d'un chutney de figues, d'oignons, d'abricots, ou encore d'une gelée de sauternes. Vous pouvez remplacer le poivre par du piment d'Espelette ou quelques baies roses et, si vous êtes amateur de saveurs plus exotiques, une pointe de quatre-épices, de vanille ou de piment des îles. Ne vous inquiétez pas si en déveinant votre foie celui-ci se détache et perd sa forme initiale, la terrine lui rendra son allure homogène. Vous pouvez le réaliser 4 ou 5 jours avant dégustation et le conserver pendant 1 semaine au frais.

ASPERGES BLANCHES, VINAIGRETTE DE GRENADE

4 couverts

Préparation : 10 min
Cuisson : 6 min

Ingrédients

Une vingtaine d'asperges blanches (5 par personne)

1 orange bio pelée à vif et coupée en quartiers

1 cuil. à soupe de graines de grenade

4 cuil. à soupe de parmesan

1 poignée de pousses de roquette

12 cl d'huile d'olive

4 cl de vinaigre de grenade

Piment d'Espelette

Sel, poivre

Hérésie ! Grand-père préférait les asperges en bocal. Nous les préférerons fraîches au printemps.

Réalisation :

1. Peler les asperges à l'aide d'un Économe, de la tête vers le talon, puis éliminer les pieds sur 3 cm.
2. Plonger délicatement les asperges dans une casserole d'eau bouillante salée pour une cuisson *al dente* (voir conseil ci-dessous).
3. Les couper en trois et les déposer dans un beau saladier.
4. Ajouter les quartiers d'orange, les graines de grenade, les pousses de roquette, et parsemer de généreux copeaux de parmesan.
5. Assaisonner avec l'huile d'olive, le vinaigre de grenade, une pointe de piment d'Espelette, du sel et du poivre.

Conseil :

Choisir des asperges avec une tige ferme et cassante, un talon encore humide et un bourgeon bien fermé. Contrairement à la verte et à la violette, l'asperge blanche nécessite d'être bien pelée. Porter une grande quantité d'eau salée à ébullition et y plonger les asperges (elles doivent être entièrement immergées), puis les laisser cuire à feu moyen durant 6 minutes (maximum 8). Contrôler la cuisson en piquant une asperge en son centre, qui ne doit plus opposer de résistance. Les retirer de la casserole puis les passer sous un filet d'eau froide pour stopper la cuisson, et les égoutter. On peut également les faire cuire au cuit-vapeur ; ce mode de cuisson a de nombreux avantages, dont la rapidité et la préservation des nutriments et des qualités gustatives de tous les légumes.

Les mots du chef

Gabin aurait peut-être été surpris en découvrant cette salade... mais je suis convaincu qu'il aurait été séduit dès la première bouchée ! Les graines de grenade ajoutent un pep's acidulé et sucré au parmesan qui sublime l'asperge par une vinaigrette tonique. C'est tout le printemps qu'on savoure ici ! Légume phare de cette belle saison, l'asperge blanche s'apprécie pour sa tendreté et sa saveur subtile, se distinguant de sa consœur verte au goût plus herbacé. Peu calorique, riche en vitamines et en antioxydants, ce légume est un puissant allié santé, et son petit goût de noisette s'adapte à de nombreuses recettes et modes de cuisson ; l'asperge offre à nos papilles mille et un mariages savoureux.

SALADE DE PETITS POIS, FETA, PURÉE D'ÉCHALOTES

4 couverts

Préparation : 20 min
Cuisson : 20 min

Ingrédients

600 g de petits pois extrafins écossés

1 poignée de roquette

20 cl d'huile d'olive

100 g de feta déposée 30 min au congélateur

1 cuil. à soupe de graines de tournesol grillées

La purée d'échalotes

100 g d'échalotes

100 g de vinaigre

100 g de vin rouge

5 g de sucre

1 g de poivre noir

30 cl d'eau minérale (ou filtrée)

Réalisation de la purée d'échalotes :

1. Ciseler très finement les échalotes.
2. Les mettre dans une casserole avec tous les ingrédients de la purée, et faire cuire jusqu'à totale évaporation.
3. Mouiller avec l'eau jusqu'à réduction totale.
4. Recommencer la procédure 3 fois. (Ces 3 réductions sont indispensables afin que chaque ingrédient libère ses saveurs et se marie aux autres avec harmonie !)
5. Déposer l'appareil au réfrigérateur jusqu'à total refroidissement.

Cuisson des petits pois :

1. Faire cuire les petits pois pendant 2 minutes dans une casserole d'eau bouillante salée.
2. Les refroidir et les égoutter.

Dressage :

1. Mélanger délicatement la purée d'échalotes avec les petits pois dans un saladier, ajouter la roquette et arroser d'huile d'olive.
2. Sortir la feta du congélateur et la râper très finement sur la salade (utiliser une râpe Microplane) ; parsemer des graines de tournesol grillées.

Les mots du chef

Célébrez le printemps et ses beaux produits de saison avec cette salade fraîche légère et colorée ! On déguste rarement le petit pois sous cette forme, or le résultat est extra ! Je vous conseille de choisir des petits pois avec des gousses lisses et fermes, sans taches et plutôt de petite taille, ils ont alors un petit goût de noisette délicieux. Sublimée par la purée d'échalotes et la feta, cette salade gourmande et croquante est tout simplement addictive !

Le sandwich de Maigret

C'est un incontournable. À chaque interrogatoire, Maigret fait monter des sandwiches et des bières de la brasserie de la place Dauphine à la PJ, au 36 quai des Orfèvres. On sait alors que la nuit sera longue, qu'il ne rentrera qu'au petit matin chez lui et qu'il aura fait avouer un assassin. Un sandwich, quand on doit manger sur le pouce, cela peut être un vrai bonheur. Mais, on ne le dira jamais assez, ce qui prime, ce sont les produits : du pain de premier choix, et éviter le jambon industriel, pour préférer celui de son boucher. On peut pousser l'excellence jusqu'au cornichon. Il paraît qu'en 2018, il s'est pour la première fois vendu en France plus de hamburgers que de jambon-beurre... Et si on inversait la tendance ? Mais pour confectionner un sandwich parfait, Maigret ne me contredirait pas, il ne faut laisser aucun détail au hasard.

SANDWICH AU MAGRET DE CANARD

4 couverts

Préparation : 10 min
Repos : 1 h
Cuisson : 2 min

Ingrédients

1 beau magret de canard de 500 g

1 belle baguette bien croustillante !

La marinade

2 g de poivre noir concassé

2 g de vergeoise (sucre)

5 g de sel

1 g de piment d'Espelette

La garniture

1 tomate

Huile d'olive

1 gousse d'ail

Sel, poivre

Roquette

Copeaux de parmesan

Réalisation :

1. Laisser reposer le magret à température ambiante pendant 30 minutes, puis ôter la peau délicatement (conserver cette peau, corps gras idéal qui vous servira à remplacer le beurre ou l'huile pour faire rissoler des légumes, pommes de terre, viandes...).
2. Mélanger tous les ingrédients de la marinade dans un bol.
3. Rouler le magret sur un plan de travail dans le mélange des condiments de la marinade et le laisser mariner pendant 1 heure à température ambiante.
4. Déposer le magret dans une grande poêle bien chaude avec 1 cuillerée à soupe d'huile d'olive et le saisir rapidement sur toutes les faces à feu vif (moins de 2 minutes de cuisson !).
5. Le laisser reposer hors du feu.
6. Mixer la tomate coupée en morceaux, 5 cl d'huile d'olive, la gousse d'ail, du sel et du poivre jusqu'à obtenir une belle texture crémeuse et homogène.
7. Couper la baguette dans le sens de la longueur, la tartiner cette purée de tomates en une belle couche épaisse.
8. Couper le magret en tranches fines et les déposer sur la purée en superposant les tranches.
9. Parsemer de feuilles de roquette et de généreux copeaux de parmesan.
10. Terminer par un trait d'huile d'olive.

Astuce :

Dans le Béarn, on utilise la peau des magrets comme corps gras pour remplacer beurre et huile : une astuce maligne et ultra gourmande !

Les mots du chef

Le sandwich a été bien souvent synonyme de « malbouffe », mais cette recette m'a conforté dans l'idée qu'il est possible de savourer l'excellence en sandwich, car celui-ci prend ici une allure gastronomique ! J'ai volontairement choisi de le réaliser dans une baguette entière pour un esprit convivial et gourmand, et je suis convaincu que Gabin aurait apprécié de le déguster entre deux prises, sur le tournage du commissaire Maigret.

SALADE DE QUEUE DE BŒUF AU VIN ROUGE

4 couverts

Préparation : 20 min
Cuisson : 3 h

Ingrédients

16 morceaux de queue de bœuf réunis en 4 « fagots » par le boucher

1 l de vin rouge

5 oignons émincés

1 bouquet garni

3 carottes coupées en rondelles

1 branche de céleri coupée en tronçons

1 gousse d'ail épluchée

1 petit poireau bien lavé

1 cuil. à soupe d'huile d'olive

1 cuil. à soupe de pois chiches cuits

1 cuil. à soupe d'échalotes ciselées

Basilic frais

1 pincée de fleur de sel

Poivre noir du moulin

Graines de tournesol

Réalisation :

1. Préchauffer le four à 200 °C (th. 6-7).
2. Déposer dans un grand plat les 4 fagots de queue de bœuf, le vin rouge, les oignons, le bouquet garni, les carottes, la branche de céleri et l'ail. La queue de bœuf doit être totalement recouverte du liquide ; si besoin ajouter un peu d'eau minérale. Laisser cuire durant 3 heures.
3. La cuisson terminée, laisser refroidir totalement ; puis désosser et décortiquer la viande. Réserver.
4. Faire cuire le poireau *al dente* dans une casserole d'eau bouillante salée.
5. Déposer le bœuf dans un saladier, incorporer l'huile d'olive, les pois chiches, les échalotes, du basilic ciselé, le poireau découpé en tronçons en biais, la fleur de sel et du poivre noir.
6. Dresser une belle portion au centre des assiettes et parsemer de graines de tournesol.

Les mots du chef

Une entrée qui va combler les gourmands ! La queue de bœuf est souvent dégustée en plat d'hiver, généralement avec une sauce au vin ou à la bière ; mais elle est aussi succulente en salade.

On retrouve souvent du bœuf dans les plats fétiches de Grand-père, en bon éleveur de bovins !

KIPPER ET SALADE COLESLAW

4 couverts

Préparation : 10 min

Ingrédients

2 kippers (harengs fumés grillés)

100 g de chou rouge

100 g de chou blanc

100 g de fenouil

100 g de carottes

1 citron

Huile d'olive

Beurre

Gros sel

Réalisation :

1. Laver les légumes, émincer finement le fenouil et les choux, râper les carottes.
2. Déposer l'ensemble dans un saladier, couvrir de film alimentaire et réserver au frais.
3. Toaster de généreuses tranches de pain.
4. Verser la salade dans un joli saladier, l'assaisonner.
5. Déposer les harengs dans un grand plat et disposer dessus un beau morceau de beurre rehaussé de gros sel et 4 quartiers de citron.

Les mots du chef

Spécialité traditionnelle du petit déjeuner irlandais, le kipper est un hareng dont on a extrait toutes les arêtes puis qui a été salé et légèrement fumé au bois de hêtre. Une recette rustique et gourmande à déguster hiver comme été !

SOLETTES FRITES SAUCE CURRY

4 couverts

Préparation : 15 min
Cuisson : 5 min

Ingrédients

4 solettes (petites soles) écaillées, vidées et étêtées par le poissonnier

Pour la sauce

2 jaunes d'œufs

1 cuil. à soupe de moutarde

1 pincée de piment d'Espelette

30 cl d'huile d'arachide

1 citron vert

1 cuil. à café de poudre de curry

1 œuf dur

3 cornichons

3 câpres

2 cuil. à soupe de persil

2 gousses d'ail

1 échalote

1 pomme Granny Smith

Sel, poivre

Réalisation de la sauce :

1. Dans un récipient, mélanger les jaunes d'œufs, la moutarde, du sel, du poivre et le piment d'Espelette, puis incorporer délicatement l'huile d'arachide au fouet et ajouter quelques gouttes de citron vert et la poudre de curry.
2. Hacher l'œuf dur, les cornichons, les câpres, le persil et l'ail ; ciseler l'échalote, tailler la pomme en julienne et mélanger ces ingrédients à la première préparation.
3. Réserver cette sauce à température ambiante.

Cuisson :

1. Fariner légèrement les solettes, saler et poivrer.
2. Dans une poêle à bord haut, verser 0,5 cm d'huile d'arachide et faire chauffer à feu très doux (la température de l'huile ne doit pas dépasser les 160 °C).
3. Déposer les côtés blancs des solettes sur le fond de la poêle.
4. Une fois celles-ci harmonieusement colorées (la cuisson est très courte, 2 ou 3 minutes suffisent), les déposer sur un torchon pour bien les égoutter.
5. Poser une serviette blanche dans un plat de service, puis dresser dessus les petites soles accompagnées de quartiers de citron jaune.
6. Verser la sauce à part dans un joli contenant.

Les mots du chef

Ce petit poisson apprécié pour sa chair savoureuse est considéré comme un mets raffiné depuis l'Antiquité. Rehaussé de cette tartare épicée, il sera sublimé ! Attention, la sauce tartare ne se conserve pas plus de 12 heures ; il est impératif de la consommer dans la journée.

N'oubliez jamais les règles de sécurité quant à la cuisson type friture qui peut s'avérer dangereuse et provoquer de graves brûlures ; utilisez toujours une poêle à bord haut !

En bon Deauvillais qu'il était, impossible pour Gabin de ne pas se délecter de ce petit poisson à la chair tendre.

Les plats

Que ce soit les viandes ou les poissons, Gabin aimait les plats en sauce ou farcis. Cela correspond à une époque, et quand on a envie de se faire plaisir, c'est tout de même divin.

Éleveur et chasseur

Grand-père avait deux vies professionnelles, celle d'acteur et celle d'éleveur de bovins. Il ne faut donc pas s'étonner de voir de nombreux plats à base de bœuf garnir sa table. Il adorait les abats comme le cœur ou les animelles, qu'il mangeait en fricassée. Son amour de la campagne date de son enfance dans le Val-d'Oise, où il courait les champs, faisant l'école buissonnière dès que possible, lui qui n'était pas fait pour les études. Tout au long de sa vie, il aura à cœur de garder un lien avec la terre, en achetant des maisons à la campagne au début de sa carrière, ou en pratiquant l'élevage après guerre.

Il appréciait également certains gibiers, qu'il chassait lui-même sur sa propriété. C'est le moment propice de rendre ici hommage à la cuisinière de Gabin à La Pichonnière pendant près de vingt ans : Blanche Chesnot, que tout le monde appelait Mémène et qui est devenue au fil des années un membre à part entière de la famille. Alors qu'elle ne savait pas cuisiner lorsqu'elle est entrée au service de la maison, elle a appris sur le tas, aidée par ma grand-mère Dominique, et est vite devenue aussi précieuse qu'indispensable. C'est grâce à sa mémoire et à ses souvenirs que je peux restituer ici les secrets de table de La Pichonnière.

Les Vieux de la vieille, 1960

Gabin aimait chasser. Après la Seconde Guerre mondiale, il y avait beaucoup de gibier dans les campagnes françaises, les parties de chasse étaient donc mémorables. Grand-père, qui avait alors une maison dans l'Eure, à Saint-Gemme, partageait une chasse avec les agriculteurs locaux et en profitait avec eux dès qu'il le pouvait. Fidèle à son caractère, il n'appréciait guère les chasses pompeuses, leur préférant les petites, avec des amis ou certains de ses employés. Sa préférence allait aussi au petit gibier, perdreaux gris et lièvres en tête. Il était un fusil exceptionnel et d'un calme prodigieux.

Une nuit d'été 1962, plusieurs centaines de paysans avaient envahi La Pichonnière afin de mettre en lumière leurs revendications, Gabin étant une cible facile pour trouver un écho auprès de la presse. Cela restera un réel traumatisme chez lui, qui ne comprendra jamais ce rejet violent d'une partie du monde paysan. Ces hommes qu'il côtoyait, qui étaient ses voisins, qu'il retrouvait aux foires agricoles, qui lui vendaient des terres, avec qui il commerçait, le rejetaient au lieu d'en faire leur porte-voix.

Depuis cette année-là, il arrêta de chasser, ne souhaitant pas partager un tel moment avec une personne qui aurait pu avoir été un de ces « envahisseurs ».

Gabin sportif

Bien sûr, il ne s'agissait pas pour lui de faire du sport tous les jours. Mais je tiens à signaler à mes chers lecteurs que mon grand-père était jusqu'à ses cinquante ans un très grand sportif, qui avait une ligne svelte et taillée. Il pratiquait le vélo assidûment, ainsi que la boxe, le football et la gymnastique. La silhouette enrobée et généreuse qu'on lui connaît ne représente que les vingt dernières années de sa vie. Dans la vie comme en cuisine, tout est dans la mesure.

Lorsqu'il tournait en studio, il ne déjeunait jamais entre les prises et se contentait, pour ne pas être alourdi, de thé, de biscottes et de miel pour éclaircir sa voix.

JEAN GABIN

Jean GABIN
dans un film
de JULIEN DUVIVIER
Un
PARIS-FILM
PRODUCTION
C.D.L.
Pépé LE MOKO
avec
MIREILLE BALIN . GABRIEL GABRIO . SATURNIN FABRE
LINE NORO . LUCAS GRIDOUX et CHARPIN

Pépé le Moko

Rôle iconique de l'avant-guerre dans ce film de Duvivier, qui aura été le mentor de Gabin pour ses débuts au cinéma. Pépé le Moko est un malfrat romantique qui se cache dans la casbah d'Alger et demeure introuvable par la police dans cette cour des miracles nord-africaine. Jusqu'à ce que la sublime Mireille Balin entre en scène, et pousse le Moko tombé sous son charme à prendre des risques pour la séduire et à se découvrir dangereusement. Le réalisme avec lequel Duvivier dépeint le milieu des voyous sans cacher les références à des films de gangsters américains comme *Scarface* est encore aujourd'hui saisissant. Il paraît que le succès du film fut tel que tous les proxénètes de l'époque adoptèrent le foulard de soie au cou que Gabin avait lui-même imaginé pour camper le personnage du Moko.

Magie du cinéma, la casbah fut entièrement reconstituée en studio pour le film. Comme il est bon de pouvoir voyager grâce à un plat ! Alors faites confiance au Moko, ressortez le plat à tajine du placard, et suivez le guide. On vous emmène faire un petit tour à la casbah d'Alger.

TAJINE EL CASBAH

4 couverts

Préparation : 45 min
Cuisson : 1 h 10

Ingrédients

1,2 kg d'épaule d'agneau désossée

3 carottes

2 courgettes

135 g de pois chiches secs

250 g de raisins de Smyrne

500 g d'oignons rouges

2 bâtons de cannelle

280 g de tomates entières pelées au jus

800 g d'eau minérale (ou filtrée)

35 g de gros sel

Huile d'olive

Menthe ciselée

1 cuil. à soupe d'amandes effilées grillées

1 citron vert

La pâte épicée

50 g de gousses d'ail

70 g de persil plat

2 g de cumin en poudre

2 g de curry en poudre

2 g de curcuma en poudre

1 g de paprika fumé

La veille :

Rincer les pois chiches, puis les faire tremper dans 3 fois leur volume d'eau, et les laisser reposer 1 nuit.

Le jour même :

Faire tremper les raisins de Smyrne dans un récipient d'eau froide pendant 2 heures pour les faire gonfler.

Préparation de la pâte épicée :

Hacher finement le persil plat avec les gousses d'ail pelées au robot, puis incorporer l'ensemble des épices. Mixer pendant 1 bonne minute. Réserver.

Préparation du tajine :

1. Laver, éplucher et couper les carottes et les courgettes en bâtonnets.
2. Émincer les oignons rouges.
3. Tailler l'épaule d'agneau en gros cubes de 3 à 4 cm.
4. Faire chauffer un gros filet d'huile d'olive dans une cocotte et faire revenir les morceaux d'agneau à feu vif pendant 10 minutes, jusqu'à obtention d'une belle nuance caramélisée.
5. Bien égoutter les morceaux de viande et les poser dans une assiette ; ôter le surplus de graisse de la cocotte tout en veillant à laisser les sucs accrochés aux parois et au fond du récipient.
6. Mettre les oignons rouges émincés et un filet d'huile d'olive dans la cocotte, puis les faire revenir à feu vif.
7. Ajouter les morceaux d'agneau, les tomates pelées préalablement écrasées, la pâte épicée, la cannelle, l'eau minérale et le gros sel.
8. Porter à petite ébullition à couvert pendant 15 minutes.
9. Incorporer les pois chiches, les raisins de Smyrne, les bâtonnets de carottes et de courgettes, et poursuivre la cuisson à petite ébullition pendant 45 minutes.

Dressage :

Verser votre tajine dans un plat du même nom ou un beau plat de service, ajouter de la menthe, saupoudrer d'amandes effilées grillées, râper finement du zeste de citron vert dessus.

CONSERVE DE TOMATES ENTIÈRES PELÉES AU JUS

4 couverts

Préparation : 20 min
Cuisson : 1 h
Délai avant consommation : 1 semaine

Ingrédients

1 kg de tomates olivette bien mûres et charnues

10 g de gros sel

1 pointe de couteau de piment d'Espelette

2 g de poivre noir en grains

20 g de sucre roux

40 g d'eau minérale (ou filtrée)

20 g de jus de citron jaune

1 bocal à vis de 1,5 l

Réalisation :

1. Laver les tomates, retirer les pédoncules, inciser en croix la partie opposée.
2. Plonger les tomates dans une casserole d'eau bouillante pendant 45 secondes, puis les rafraichir immédiatement dans un récipient d'eau glacée. Les peler une fois qu'elles sont bien refroidies.
3. Placer les tomates ainsi pelées entières dans le bocal, en les pressant délicatement les unes contre les autres, jusqu'à 2 cm du bord.
4. Mélanger les autres ingrédients de la liste et les verser dans le bocal. Fermer et stériliser le bocal 1 heure à 100 °C.
5. Attendre au moins 1 semaine avant de consommer ces tomates.

Le Jardinier d'Argenteuil, 1966.

Le potager de grand-père

Ce n'est pas parce qu'on est un grand amateur de viande qu'on ne mange que de la pomme de terre. Grand-père adorait tous les légumes. En fonction des saisons, bien évidemment, mais cela ne l'empêchait pas de déroger à la règle et de favoriser les conserves lorsque son potager de La Pichonnière ne lui permettait pas d'orner sa table d'asperges ou de petits pois frais. Sa cuisinière préparait d'ailleurs des bocaux de pickles dont il raffolait à l'apéritif. Le potager fournissait en fonction des saisons tout ce qu'il fallait pour garnir les plats préférés de la maison.

Les Misérables

Gabin se disait incapable de jouer du répertoire classique. Et pourtant, il campe un Jean Valjean extraordinaire dans l'adaptation cinématographique du chef-d'œuvre de Victor Hugo par Jean-Paul Le Chanois. Il faut toute sa robustesse et son métier pour endosser l'humanité chargée de symboles que représente Valjean. Dans la scène culte du roman où l'évêque de Digne offre le gîte et le couvert à Valjean l'ancien bagnard, qui le volera, il lui offre « une soupe faite avec de l'eau, de l'huile, du pain et du sel, un peu de lard, un morceau de viande de mouton » typiquement provençale.

L'évêque sauvera Valjean en disant aux gendarmes qu'il avait fait don de l'argenterie à son hôte, ce qui enclenchera la rédemption de l'ancien forçat. Je profite de la collaboration avec le chef Camdeborde pour faire un écart et présenter la garbure typique du Sud-Ouest d'où il est originaire. Gabin adorait ajouter un fond de vin rouge dans ses soupes, ce qu'on appelle « faire chabrot ».

Les mots du chef

On touche ici ma corde sensible ! Ce magnifique plat reflète toute mon enfance, toute ma région ! Ma grand-mère tenait l'hôtel du Commerce dans le ravissant village de Navarrenx, et sa garbure rassemblait tous les gourmands du Béarn... jusqu'à en faire la réputation de son restaurant ! Elle la confectionnait avec des haricots maïs béarnais. Si vous ne connaissez pas ce plat traditionnel gourmand, je peux vous assurer que vous allez vous régaler.

GARBURE BÉARNAISE DE MAMIE CAMDEBORDE

4 couverts

Préparation : 45 min
Cuisson : 45 min

Ingrédients

2 cuisses de canard confites

200 g de poitrine de porc fraîche

50 g de gras de jambon

500 g de saucisse de Toulouse (coupée en gros morceaux)

Graisse de canard (ou de cochon)

1 chou vert de 700 g

6 gousses d'ail

3 carottes

3 navets

2 poireaux

2 oignons blancs

500 g de haricots blancs (ou haricots maïs béarnais)

1 bouquet garni

1 poignée de grains de poivre noir

1 pointe de couteau de piment d'Espelette

Eau minérale (ou filtrée)

La veille :

Faire tremper les haricots blancs dans un récipient d'eau minérale (ou filtrée) toute la nuit.

Le jour même :

1. Déposer la graisse de canard (ou de cochon) dans une grande cocotte en fonte, et y faire fondre les gousses d'ail entières et les oignons blancs émincés.
2. Nettoyer et éplucher les carottes et les navets ; les trancher en gros morceaux.
3. Nettoyer et couper les poireaux en rondelles.
4. Découper la poitrine de porc fraîche en 10 portions et les déposer dans la cocotte.
5. Couper le chou en deux, retirer la tige centrale, l'émincer en fines lamelles et l'incorporer dans la cocotte ; ajouter ensuite les navets, les poireaux, les carottes et le bouquet garni.
6. Laisser étuver 20 minutes, à couvert.
7. Puis mouiller à hauteur des légumes et incorporer les haricots blancs, le gras de jambon, les cuisses de canard confites, les morceaux de saucisse de Toulouse, le piment d'Espelette et le poivre noir en grains. (Inutile de saler, la salaison des viandes est suffisante.) Ajouter de l'eau si nécessaire.
8. Porter à petite ébullition puis laisser cuire à feu doux pendant 30 minutes.
9. Avant de dresser, goûter et assaisonner si besoin, puis verser la garbure dans une belle soupière et la déguster bien chaude !

Le haricot maïs béarnais :

Le haricot maïs possède la particularité d'être une espèce grimpante. Le maïs constitue alors un habitat idéal en lui servant de tuteur naturel et en lui procurant de l'ombre. Le fruit de cette association est un gros haricot légèrement sucré, peu farineux et au goût fin. Seule AOC de haricots en France ; je vous conseille d'en acheter dans une boutique spécialisée ou d'en commander par Internet.

Avec Marlene Dietrich aux États-Unis, 1942.

6 août 1946, le couple de retour en France à l'aéroport d'Orly.

Tu le fais mieux que ma tante Fernande.

- Jean Gabin -

À Los Angeles en 1941.

Pas de queue, pas de pot-au-feu

Avant de s'engager dans les Forces françaises libres et de participer à la Libération aux commandes de son char Souffleur 2 au sein de la 2e DB du général Leclerc, Gabin passe deux ans aux États-Unis, pour ne pas travailler pour les Allemands. Exilé comme de nombreux artistes européens, il tourne trois films à Hollywood entre 1941 et 1943. Il rencontre là-bas la star internationale d'origine allemande Marlene Dietrich, avec qui il a une liaison. Le couple fait sensation par son glamour, bien que leur rapport à l'exil soit bien différent.

Personnification de la femme libre, Marlene aime sortir dans les soirées hollywoodiennes alors que Gabin les fuit. À New York, elle l'emmène à l'opéra, qu'il déteste : « C'est con un mec qui chante alors qu'il est en train de crever. » Surtout, la France lui manque et il ne se fait pas à l'idée d'être libre alors que son pays est sous le joug des nazis. Marlene fera tout pour que Gabin se sente le plus à l'aise possible, lui qui ne se fait pas à ce pays où l'apparence est si importante.

En dehors des représentations publiques, l'actrice se transforme en véritable fée du logis pour son Jeannot. Il faut imaginer cette immense vedette, qui incarne aux yeux du monde entier l'image de la femme fatale, en tablier et gants à la main, toujours d'une élégance extrême, cuisinant des bons petits plats français pour son homme qui a le mal du pays, dans une villa prêtée par Greta Garbo… Marlene confesse que le seul compliment que Gabin lui ait fait, lui qui en était si avare, fut pour son pot-au-feu : « Tu le fais mieux que ma tante Fernande. »

Grand-père, qui adorait la queue de bœuf, adressait cette petite phrase, sentencieusement mais non sans humour, à sa cuisinière avant qu'elle ne se lance dans la préparation du plat : « Pas de queue, pas de pot-au-feu. »

POT-AU-FEU

4 couverts

Préparation : 1 h
Cuisson : 3 h
Repos : 1 nuit

Ingrédients

Les viandes

300 g de macreuse (bœuf)

300 g de paleron (bœuf)

½ joue de bœuf

250 g de poitrine de porc fraîche

1 jarret de veau

4 os à moelle

Les légumes

4 carottes

2 navets blancs

2 navets boule d'or

2 poireaux

¼ de céleri-rave

Les aromates

1 oignon épluché et piqué d'un clou de girofle

3 gousses d'ail pelées

1 bouquet garni

2 cuil. à soupe de poivre

2 cuil. à café de sel

3 étoiles de badiane

15 cl de Viandox

Eau minérale (ou filtrée)

Huile d'olive

La veille :

1. Nettoyer puis éplucher les carottes, les navets, l'ail et le céleri. Ôter toutes les feuilles vertes des poireaux et bien les laver.
2. Déposer dans un grand faitout les viandes, les os à moelle, les légumes, l'oignon et l'ail, le bouquet garni, puis couvrir d'eau minérale (ou filtrée) jusqu'à 5 cm au-dessus des ingrédients et porter à ébullition. Écumer et dégraisser les résidus qui se déposent à la surface et sur les parois avec une petite louche (ou une cuillère à soupe préalablement trempée dans l'eau froide).
3. Baisser le feu, assaisonner avec le sel et le poivre, ajouter la badiane et le Viandox, et laisser mijoter à découvert durant 3 heures. Puis laisser reposer 1 nuit.

Le jour même :

Réchauffer puis tailler en morceaux les viandes et les légumes, et les dresser dans une belle soupière, en terminant par un trait d'huile d'olive : ma touche gourmande qui apporte au bouillon une note ultra savoureuse !

Les mots du chef

Le pot-au-feu, c'est toute notre histoire ! Savoureux, généreux, convivial, un plat indémodable qui traverse les siècles, « la clé de voûte de la gastronomie française », comme disait Alexandre Dumas.

Le pot-au-feu se prépare la veille, il n'en sera que meilleur : la fermentation est un phénomène physique qui nécessite du temps, encore faut-il résister à la tentation en se montrant patient ! Dans ma région natale, le Béarn, on nomme cette recette « Bœuf gros sel », car on dépose toujours un pot de gros sel sur la table, et on l'accompagne d'une tomate concassée.

Gabin - Renoir : un amour de la table

Renoir et Gabin s'appréciaient énormément, et ils se sont trouvés notamment autour de leur amour commun de la table. Il paraît d'ailleurs que le tournage de *La Grande Illusio*n fut l'occasion de déjeuners sans fin mémorables. C'est lors du tournage des *Bas-Fonds*, leur première collaboration, que Gabin livra au réalisateur le secret d'une salade de pommes de terre à l'huile que ce dernier révélera dans son film *La Règle du jeu*, par l'intermédiaire du personnage du chef cuisinier.

Mais leur relation n'a pas été sans accroc. Grand-père a reproché à Renoir de s'être fait naturaliser américain après la guerre, alors que les États-Unis vivaient sous le règne du maccarthysme et que le réalisateur affichait aisément ses idéaux communistes avant la guerre. Gabin le prenait comme une trahison, certainement plus à leur jeunesse qu'à une idée patriotique. Ces deux énormes caractères, monstres sacrés du cinéma mais pleins de pudeur et d'amour réciproque, finiront tout de même par se réconcilier avant le tournage de *French Cancan*, dans une brasserie parisienne, en s'égosillant à propos de la recette du lapin à la moutarde, qui a toujours été un point de discorde amicale entre les deux hommes.

Le boudin de Noël

Grand-père détestait Noël. Sans qu'il se soit jamais expliqué à ce sujet, j'imagine que ceux de son enfance n'ont jamais dû être bien gais. Un père absent, une mère dure qui le vouvoyait et qu'il perd à quatorze ans... Il grandit trop vite et gardera des blessures secrètes de ce manque d'affection dans son enfance. Il sera pourtant un père attentionné (parfois trop) et aimant. Ainsi mon père m'a toujours dit que grand-père était souvent sombre le soir du réveillon. La veille déjà il se disait mal en point, et avalait une soupe seul dans la cuisine à 19 heures. La seule chose qui égayait cette soirée où il n'était pas à la fête était le boudin blanc du père Mérieux, un voisin retraité qui lui en donnait tous les ans et qui régalait la famille entière. Comme chaque année, mon grand-père recevait ses cadeaux préférés : une bouteille de Chivas et une cartouche de Craven...

Jean Gabin avec son fils Mathias.

Les deux pourceaux que vous êtes, je vais les envoyer au saloir ! Des crépinettes que je vais en faire ! Du boudin de la Noël, du pâté de têtes !

- Jean Gabin alias Jean-Marie Péjat -
Les Vieux de la vieille

La Horse, 1970.

BOUDINS BLANCS AUX CHÂTAIGNES

4 couverts

Préparation : 15 min
Cuisson : 10-15 min

Ingrédients

4 boudins blancs

400 g de châtaignes en bocal

1 cuil. à soupe de miel

Vinaigre de Banyuls

1 cuil. à soupe de beurre demi-sel

3 cives

Préparation :

1. Mettre les châtaignes dans une grande casserole, incorporer le miel, le faire légèrement caraméliser, puis déglacer avec le vinaigre de Banyuls et un peu d'eau.
2. Déposer les boudins dans une grande poêle et les faire cuire avec le beurre demi-sel, à feu doux pendant 10 à 15 minutes.
3. Éplucher les cives en les laissant entières et les faire poêler quelques secondes avec les boudins.
4. Dresser les boudins dans les assiettes, ajouter les châtaignes entières, arroser avec la sauce, puis répartir délicatement les cives sur les boudins.

Les mots du chef

Une recette simple, rapide, délicate et savoureuse qui fera le bonheur de vos convives ! Un subtil mariage entre la finesse du boudin blanc et la rusticité des châtaignes, et un véritable bonheur pour le palais. Un plat qui fera l'unanimité.

La confection du boudin blanc est très technique, votre artisan boucher saura vous fournir le meilleur et, si vous passez dans la région de Pau, je ne peux que vous recommander la charcuterie familiale Camdeborde, située au 2, rue Gachet ! Vous y trouverez des recettes et des produits exceptionnels confectionnés avec passion !

Le Clan des Siciliens

Polar emblématique d'Henri Verneuil au casting jamais égalé de classe absolue : Gabin/Ventura/Delon. Rien que l'affiche impose le respect. Trois gueules de légende et trois flingues braqués sur nous. Du lourd, du très lourd. Le tout sur une bande originale d'Ennio Morricone. Emballé c'est pesé. « Du BSA extra piste », comme aurait dit le vieux.

Contre-pied parfait, c'est Lino, l'Italien de naissance, qui joue le rôle du commissaire breton, et Gabin le chef de clan sicilien plus vrai que nature. Il y a une scène magique de repas familial, tout en italien s'il vous plaît, où Gabin en bout de table sert des assiettes généreuses de spaghetti aux convives, avant de signaler à son fils que les jupes de sa femme sont trop courtes… Macho world, la Sicile à Paris !

J'ai appris que grand-père avait été contacté par Francis Ford Coppola pour interpréter le rôle du parrain. Il a refusé car il ne voulait plus prendre l'avion… Étonnant par ailleurs de constater que les deux chefs de famille de ces films se prénomment Vittorio : Manalese pour Gabin dans *Le Clan*, et Corleone pour Brando dans *Le Parrain*.

En tout cas, qu'ils organisent une évasion ou un détournement d'avion, s'il y a une chose avec laquelle on ne blague pas chez les Manalese, ce sont bien les spaghetti.

SPAGHETTI À LA SICILIENNE

4 couverts

Préparation : 30 min
Repos : 30 min
Cuisson : 15 min

Ingrédients

500 g de spaghetti

2 gousses d'ail

1 botte de persil plat

200 g de lard

Huile d'olive

30 g de gros sel

3 l d'eau filtrée

20 cl d'huile d'olive

Réalisation :

1. Porter l'eau avec le gros sel à ébullition dans une grande casserole ou un faitout. Puis ajouter les pâtes pour une cuisson *al dente*.
2. Ciseler le persil très finement, éplucher les gousses d'ail, puis les couper en deux.
3. Découper le lard en fins lardons.
4. Mettre les lardons et l'ail à chauffer dans une sauteuse à sec – le gras du lard imprégnera délicatement l'ail, il n'est donc pas utile d'ajouter de matière grasse.
5. Quand les lardons sont translucides, ajouter 4 petites louches de l'eau des pâtes, dont l'amidon servira de liant à l'ensemble, puis incorporer l'huile d'olive.
6. Ajouter les pâtes dans la sauteuse, mélanger délicatement.
7. Incorporer le persil, ajouter une bonne pincée de sel.
8. Dresser dans un grand plat.

Les mots du chef

La dernière fois que j'ai concocté cette recette en famille, c'est après avoir visionné – pour la troisième fois ! – ce monument cinématographique qu'est *Le Clan des Siciliens*... Des pâtes cuites *al dente* cuisinées comme là-bas, et une recette rapide et savoureuse qui fleure bon l'Italie ! L'amie sicilienne qui m'a confié cette recette m'a suggéré d'incorporer un peu d'eau de cuisson amidonnée des pâtes dans la sauce ; un conseil précieux, car cette petite astuce apporte une texture unique à la sauce. Je recommande d'utiliser des pâtes fraîches bio. Et si vous possédez une machine à confectionner les pâtes, faites-les vous-même !

Jambier ! Jambier ! 45, rue Polivot.

- Jean Gabin alias Grandgil -

La Traversée de Paris

« Jambier ! Jambier ! 45, rue Polivot. » Tous les cinéphiles connaissent cette réplique. Quant aux autres, quelle chance vous avez de pouvoir découvrir ce film ! L'adaptation de la nouvelle de Marcel Aymé par Autant-Lara est un de mes films préférés dans sa période d'après-guerre.

On suit les pérégrinations nocturnes de deux hommes que tout oppose, mais que des valises pleines de cochon ont réunis pour une livraison au marché noir. Ce film dépeint à merveille l'atmosphère sombre de Paris à l'heure de l'occupation allemande. Personne n'est tout blanc ou tout noir, tout est gris, complexe, c'est l'humanité à cru, à vif. « Quelle connerie la guerre », écrivait Prévert. Gabin n'a pas connu l'Occupation, il est parti aux États-Unis en 1940, s'est engagé en 1943 et a participé à la Libération en tant que chef de char dans la 2e DB du général Leclerc. Il n'en a jamais parlé à la maison, c'était fait, pas besoin d'y revenir. Il a d'ailleurs refusé de tourner dans le classique de René Clément *Paris brûle-t-il ?*, déclinant la proposition sans équivoque : « Moi, la guerre j'l'ai faite, en vrai... » Triste période. Je me souviens que Mémène, la cuisinière de grand-père, me disait enfant que j'avais de la chance de ne pas avoir connu la guerre, me rappelant qu'elle ne mangeait parfois qu'une tartine à la moutarde dans la journée. Alors dans cette France rationnée, en manque de tout, où il y a des jours sans alcool dans les bistrots et des topinambours à chaque menu, Gabin et Bourvil se rencontrent autour de rognons de porc après une tuerie clandestine, sous les regards inquisiteurs et envieux des autres clients du restaurant.

Face-à-face savoureux et truculent, qui précède la fameuse scène de l'épicerie de Jambier (Louis de Funès) qui restera à jamais dans les annales du cinéma. Croyez-moi, vous vous en souviendrez de ce cochon !

Un Film
de
CLAUDE AUTANT-LARA
la traversée de Paris

FRANCO-LONDON-FILM-CONTINENTAL PRODUZIONE
JEAN GABIN
BOURVIL
CLAUDE AUTANT-LARA
la traversée de Paris
JEAN AURENCHE et PIERRE BOST
MARCEL AYMÉ
JEANNETTE BATTI et LOUIS DE FUNES

Les mots du chef

Il ne faut pas bouder son plaisir car dans le cochon, tout est bon ! Les abats, et notamment les rognons, sont un morceau de choix pour les puristes, et cette recette délicieuse, facile et rapide n'est pas coûteuse. Comme tous les abats, les rognons doivent être consommés très frais ; lors de l'achat, ils doivent être bien fermes, d'une belle couleur uniforme. S'ils sont vendus avec leur graisse, celle-ci doit être ferme et blanche, gage de leur fraîcheur. Je suggère les rognons de veau ou d'agneau pour des saveurs encore plus fines et subtiles !

ROGNONS DE PORC, SAUCE MOUTARDE ET ASPERGES VERTES

4 couverts

Préparation : 30 min
Cuisson : 30 min

Ingrédients

2 rognons de porc coupés en deux et dénervés par le boucher

4 tranches assez fines de poitrine de porc cuite

20 asperges vertes

3 échalotes

1 cuil. à café de beurre

20 cl de vin blanc

2 feuilles de laurier

20 cl d'eau minérale (ou filtrée)

50 cl de crème fleurette

1 cuil. à soupe de moutarde de Dijon

Citrons confits au sel

1 cuil. à soupe d'huile d'olive

3 gousses d'ail

1 brin de thym

Graines de moutarde noire

Amandes effilées grillées

Sel, poivre noir

Cuisson des asperges :

1. Casser les tiges des asperges à 2 ou 3 cm de leur base et les éplucher à l'aide d'un économe.
2. Faire bouillir de l'eau salée dans une casserole, incorporer les asperges dès l'ébullition et les faire cuire, selon leur grosseur, 8 à 15 minutes.
3. Les plonger dans un récipient d'eau glacée pour en fixer la chlorophylle et préserver leur saveur et leur croquant, puis les égoutter.

Sauce moutarde :

1. Émincer finement les échalotes, puis les faire suer dans une casserole avec le beurre.
2. Mouiller avec le vin blanc et ajouter 1 feuille de laurier.
3. Faire réduire la préparation à sec – jusqu'à ce qu'il n'y ait plus trace de liquide – puis incorporer l'eau pour une nouvelle réduction.
4. Ajoutez la crème fleurette et la moutarde de Dijon, et porter de nouveau à ébullition ; laisser réduire pour une texture crémeuse et homogène.

Cuisson des rognons :

1. Sortir les rognons du réfrigérateur 10 minutes à l'avance.
2. Verser l'huile d'olive dans une grande sauteuse, et faire revenir les gousses d'ail coupées en deux, 1 feuille de laurier et le thym.
3. Incorporer les rognons et la poitrine, et les faire rissoler en assaisonnant avec 2 pincées de sel et 2 pincées de poivre ; quelques minutes suffisent pour que l'extérieur des rognons soit saisi et l'intérieur rosé et moelleux.
4. Stopper le feu, puis laisser reposer les viandes afin qu'elles s'imprègnent de tous les arômes.
5. Verser la sauce moutarde dans les assiettes ou un plat familial, déposer les rognons et les tranches de poitrine de porc dessus, décorer des asperges coupées en deux, de quelques lamelles de citron confit de graines de moutarde et d'amandes effilées qui apporteront une ultime note croquante !

OMELETTE AUX FINES HERBES, SALADE FRAÎCHEUR

4 couverts

Préparation : 10 min
Cuisson : 7-8 min

Ingrédients

10 œufs

2 cuil. à soupe de persil plat

2 cuil. à soupe de ciboulette

2 cuil. à soupe de menthe

2 cuil. à soupe de coriandre

2 cuil. à soupe de basilic

1 cuil. à soupe d'huile d'olive

10 g de beurre doux

Sel, poivre

La petite salade d'accompagnement

Mesclun

1 échalote ciselée

Huile d'olive

Vinaigre

Sel, poivre

Réalisation :

1. Battre les œufs à la fourchette dans un cul-de-poule avec toutes les fines herbes hachées grossièrement.
2. Faire chauffer l'huile d'olive et le beurre doux dans une poêle jusqu'à obtenir une belle mousse dorée.
3. Verser l'appareil aux œufs, tout en agitant bien la poêle afin que l'omelette ne colle pas.
4. Plier délicatement l'omelette en deux avec une spatule, puis ajouter un morceau de beurre dans la poêle, le laisser fondre et transvaser délicatement l'omelette nappée de beurre fondu dans un joli plat.
   Servir aussitôt, accompagné de la petite salade fraîcheur.
   Vous allez vous régaler !

Conseil :

Comme tout le monde le sait, l'omelette se cuisine toute l'année, les œufs se mariant avec harmonie à tous les légumes de saison. Au printemps et en été, on l'apprécie préparée avec des herbes du jardin. En hiver, on la réhausse d'épices telles que le ras el-hanout du Maghreb, le zaatar du Liban, les piments des îles… Que vous la cuisiniez sucrée ou salée, laissez jouer votre imagination !

**Quand Gabin voulait dîner léger,
c'était omelette aux fines herbes !**

Les mots du chef

Cette méthode de cuisson suggérée par un proche de la cuisinière personnelle de monsieur Gabin est une première me concernant ! Deux cuissons qui apportent une texture savoureuse et une tendreté nouvelle. Twisté par cette crème assaisonnée de divers condiments gourmands, le poulet se révèle sublimé !

POULET À LA CRÈME EN DEUX CUISSONS

4 couverts

Préparation : 20 min
Cuisson : 1 h 30

Ingrédients

1 poulet fermier de 2 kg

3 oignons émincés

500 g de champignons de Paris coupés en deux

2 gousses d'ail

1 bouquet garni

1 citron jaune

Sel , poivre

Huile d'olive

1 pincée de sucre

1 cuil. à café de miel

50 g de beurre

33 cl de vin blanc

60 cl de crème fleurette

400 g d'oignons grelots épluchés

2 cuil. à soupe de fécule de pomme de terre

15 cl de vin jaune

1 litre d'eau minérale (ou filtrée)

Réalisation :

1. Préchauffer le four à 250 °C (th. 8-9).
2. Placer le poulet salé et poivré dans une grande cocotte en fonte huilée et enfourner pour 30 minutes. Puis le retirer de la cocotte, le déposer sur une plaque et réserver.
3. Déposer les oignons émincés dans la cocotte qui a servi à cuire le poulet, sans la laver ni la dégraisser, et ajouter le bouquet garni et les gousses d'ail. Laisser cuire tout doucement et à couvert pendant 15 minutes.
4. Mettre dans une casserole le beurre, les champignons, le jus de la moitié du citron jaune, le miel, le sucre, 1 pincée de poivre noir, 1 pincée de sel, puis mouiller avec l'eau et porter à ébullition.
5. Dès les premières ébullitions, stopper le feu et laisser à couvert pendant 10 minutes ; égoutter. Réserver les champignons et conserver le jus de cuisson.
6. Reprendre la cocotte dans laquelle ont cuit les oignons et y verser le vin blanc ainsi que la cuisson des champignons ; ajouter la crème fleurette et les oignons grelots, et porter de nouveau à ébullition.
7. Stopper le feu, déposer le poulet dans la cocotte, couvrir et enfourner pour 30 minutes à 150 °C (th. 5).
8. Retirer la volaille de la cocotte ainsi que les oignons grelots et les champignons. Réserver.
9. Mettre la cocotte avec la sauce sur le feu et porter à ébullition, puis faire réduire d'un quart.
10. Mélanger la fécule de pomme de terre avec 2 cuillerées à soupe d'eau et l'incorporer à la crème en ébullition dans la cocotte, tout en fouettant.
11. Faire cuire 3 minutes tout en remuant, puis mixer jusqu'à obtention d'une crème onctueuse.
12. Juste avant de servir : incorporer le vin jaune et faire cuire 10 minutes.
13. Dresser dans un beau plat de service. Tapisser le fond avec les oignons émincés, déposer dessus la volaille puis la napper de la crème. Entourer avec les oignons grelots et les champignons.

Gabin a rejoint la guerre comme instructeur fusilier marin en 1943.

La Grande Illusion

Première collaboration entre Renoir et Gabin, ce chef-d'œuvre fit longtemps partie des dix plus grands films de tous les temps. Le président américain Roosevelt déclara à sa sortie : « Tous les démocrates du monde devraient voir ce film. » Dans ce pamphlet humaniste d'entre deux guerres, Renoir s'oppose aux nationalismes de toutes sortes, montrant que les frontières ne sont que des inventions des hommes… qui seront en revanche toujours séparés par les classes sociales : aristocratie (même finissante), ouvriers, bourgeois…

La fraternité, thème prépondérant du film, se retrouve entre autres dans le camp de prisonniers au moment des repas où chacun partage les provisions de ses colis. Renoir se joue des clichés de l'époque pour mieux les renverser. C'est notamment Rosenthal, figure de la réussite bourgeoise juive, qui ne manque pas de faire profiter toute sa chambrée des mets envoyés par sa riche famille. Tandis que leurs geôliers allemands n'ont que de la soupe de choux tiède, nos prisonniers peuvent se consoler avec du poulet froid, du pâté de foie gras aux truffes du Périgord, des maquereaux marinés et même du cognac.

Sublime inversion de table en temps de guerre qui en dit long sur l'importance des repas en France. Le personnage d'Erich Von Stroheim n'était pas censé avoir autant d'importance à l'origine du projet, mais Renoir était un grand admirateur de l'acteur et a fait réécrire son rôle au fur et à mesure du tournage pour l'enrichir.

Gabin, qui était à l'origine du projet et qui avait accepté un maigre cachet pour que le film puisse voir le jour, ne fit aucun reproche à Renoir, car l'histoire n'en était que meilleure. En revanche, il supportait mal le caractère supérieur de Von Stroheim, qui accaparait beaucoup l'attention sur le plateau. Et, au repas de fin de tournage, pour se venger du comportement hautain du génie allemand, Gabin a pris un malin plaisir à faire beaucoup boire Erich Von Stroheim, qui ne devait certainement pas tenir l'alcool aussi bien que lui et finit en galipette arrière dans un paravent, sous le rire goguenard de mon grand-père.

La Horse

Alors là, mes amis, c'est du sérieux. Un western normand, sur les terres d'un vieil exploitant qui y fait sa loi. Pas de colts, mais de la chevrotine, le crachin du bocage sur fond de règlement de comptes, des gros plans en Cinémascope, des répliques cinglantes comme un coup de nerf de bœuf, une bande originale de Serge Gainsbourg, et comme un goût de pommes fermentées à chaque scène : je vous présente *La Horse*.

Le plus drôle, c'est que le réalisateur Pierre Granier-Deferre, grand citadin devant l'Éternel, qui ne supportait pas de tremper ses chaussures dans une flaque de boue, a filmé la campagne comme personne. Gabin joue le chef de famille qui va protéger coûte que coûte son petit-fils poursuivi par des narcotrafiquants. Il sait que les temps ont changé, mais chez lui rien n'a changé. Et à table, on ne commence pas à manger avant qu'il ait ouvert son Opinel, on marque la croix sur le pain, on n'entend que la pendule du salon entre les mastications, et on boit le cidre ou le pommeau produit à la ferme.

Ma grand-mère détestait ce film, car elle y retrouvait trop son mari, le Gabin des champs qui repousse sa soupe en grommelant parce qu'elle est trop chaude. Il y est magistral en paysan mutique, certains gros plans sont à couper le souffle, comme celui où il regarde sa grange brûler en pleine nuit. Je sais que son rêve aurait été de jouer un rôle sans texte. Comme il disait : « Tout dans les chasses. »

La scène finale du film se passe autour de la grande table de la ferme où toute la famille est réunie, une fois la paix retrouvée, autour d'un petit salé aux lentilles.

Des répliques cinglantes comme un coup de nerf de bœuf.

PETIT SALÉ AUX LENTILLES

4 couverts

Préparation sur 3 jours
Cuisson : 55 min

Ingrédients

400 g de lentilles

200 g de poitrine de porc salée

100 g de poitrine de porc fumée

1 gros oignon épluché et piqué d'un clou de girofle

1 bouquet garni

1 saucisse de Montbéliard

6 carottes

2 gousses d'ail

Persil

1 cuil. à soupe de poivre

1 cuil. à café de sel

Huile d'olive

Sa réalisation en trois temps rend cette recette encore plus savoureuse !

2 jours avant :

1. Mettre à tremper les lentilles dans un récipient d'eau froide.
2. Faire dessaler la poitrine de porc salée immergée dans l'eau dans un second récipient.

La veille :

1. Déposer les deux poitrines dans une cocotte avec l'oignon piqué du clou de girofle, couvrir d'eau puis porter à ébullition. Écumer les impuretés qui se déposent en surface et sur les parois.
2. Ajouter le bouquet garni, le sel, le poivre, puis laisser cuire 15 minutes à petite ébullition.
3. Incorporer la saucisse, les lentilles égouttées, les carottes épluchées et les gousses d'ail pour une cuisson de 40 minutes.
4. Éteindre le feu et laisser en cocotte jusqu'à refroidissement complet, puis déposer au réfrigérateur pour la nuit.

Le jour même :

1. Réchauffer la cocotte quelques minutes, puis retirer les viandes et les couper en morceaux.
2. Dans un beau plat de service, dresser les viandes bien chaudes sur un lit de lentilles avec un peu de bouillon de cuisson.
3. Avant de servir, assaisonner d'un trait d'huile d'olive et de quelques grains de poivre passés au pilon, et parsemer de quelques feuilles de persil.

Les mots du chef

Vous allez vous régaler avec ce petit salé qui demande, certes, du temps, mais c'est pour mieux faire ressortir tous les arômes ! Je vous suggère de remplacer l'huile d'olive par 1 cuillerée à café de graisse de foie gras qui donnera à votre petit salé une note encore plus fine !

GIGOT DE SEPT HEURES

4 couverts

Préparation : 30 min
Cuisson : 7 h

Ingrédients

1 gigot d'agneau de 1 kg

7 oignons blancs émincés

3 bouteilles de vin rouge

1 botte de persil

5 têtes d'ail

Thym, laurier, romarin

1 cuil. à café de curcuma

1 cuil. à café de paprika

1 cuil. à café de curry

Poivre

Sel

Fécule de maïs

Huile d'olive

Réalisation :

1. Préchauffer le four à 150 °C (th. 5).
2. Hacher la botte de persil, en réservant quelques brins pour le dressage.
3. Ciseler finement les oignons et les faire revenir à l'huile d'olive dans une grande cocotte allant au four.
4. Déposer le gigot dans la cocotte et le recouvrir de persil haché.
5. Ajouter le curcuma, le paprika, le curry, 2 grosses cuillerées à soupe de sel, 1 cuillère à soupe de poivre et les têtes d'ail qui vont réduire à la cuisson.
6. Verser le vin, ajouter du thym, du laurier et du romarin, puis porter à ébullition. Dès qu'elle commence, enfourner pour 7 heures.
7. Sortir la cocotte du four et la laisser refroidir à couvert.
8. Extraire le gigot de la cocotte et le réserver.
9. Filtrer le jus de cuisson au chinois et le verser dans une casserole.
10. Porter la sauce à ébullition pour une réduction d'un tiers tout en écumant les graisses et les résidus qui s'agglutinent aux parois de la casserole avec une petite louche (ou une cuillère à soupe) trempée dans l'eau froide.
11. Mélanger la fécule de maïs dans un bol avec 3 cuillerées à soupe d'eau froide et fouetter énergiquement.
12. Incorporer ce mélange au fond de sauce, puis le laisser cuire 15 minutes à feu très doux.
13. Déposer le gigot dans un joli plat, le napper de sauce, le parsemer de persil fraîchement ciselé, l'assaisonner d'une ultime pincée de poivre écrasé au pilon (ou en mignonnette).

Les mots du chef

Pour un « agneau à la cuillère » parfait, il faut bien 7 heures ; pas une de moins, et surtout pas une de plus ! Ce plat incontournable de la gastronomie française est une ode à la convivialité, à la famille, à l'amitié ; ses saveurs et ses arômes affolent nos sens, et je vous invite à l'accompagner d'une salade de haricots blancs (p. 44) pour un mariage plus qu'heureux. Bon appétit !

LAPIN AU CIDRE ET AUX CINQ CHOUX

4 couverts

Préparation : 20 min
Cuisson : 1 h

Ingrédients

1 lapin découpé en 8 ou 9 morceaux par le boucher (foie et rognons à part)

200 g de poitrine de porc

100 g de chou de Bruxelles coupés en deux

100 g de feuilles de chou pak choï

100 g de petits bouquets de chou-fleur

100 g de petits bouquets de chou romanesco

100 g de petits bouquets de brocoli

10 échalotes

4 gousses d'ail

100 g de beurre

1 bouquet garni

1 l de cidre brut non sucré

50 cl de crème fraîche épaisse

2 cuil. à soupe de fécule de pomme de terre

3 cuil. à soupe d'huile d'olive

Sel et poivre du moulin

Réalisation :

1. Saler et poivrer les morceaux de lapin.
2. Les faire revenir dans une grande cocotte en fonte avec l'huile d'olive, les gousses d'ail coupées en deux, le foie et les rognons.
3. Dès que le lapin se teinte d'une belle couleur caramélisée, incorporer la poitrine découpée en lardons et recouvrir avec les échalotes émincées.
4. Verser le cidre, ajouter le bouquet garni, porter à ébullition. Le lapin doit être recouvert de liquide, ajouter une pointe d'eau minérale si besoin.
5. Dès les premières ébullitions, baisser le feu et laisser cuire doucement 30 à 35 minutes.
6. Laisser reposer quelques minutes, puis extraire les morceaux de lapin et les garnitures. Réserver la cocotte avec son jus de cuisson.
7. Faire cuire les choux *al dente* dans une casserole d'eau bouillante salée durant 8 minutes.
8. Remettre le feu sous la cocotte, faire réduire le jus d'un tiers à feu vif, puis incorporer la crème fraîche. Laisser cuire à petite ébullition 5 minutes.
9. Pendant ce temps, mélanger 2 cuillerées à soupe de fécule de pomme de terre avec la même quantité d'eau et les verser dans la sauce en fouettant énergiquement, puis laisser cuire 3 minutes.
10. Remettre les morceaux de lapin et les garnitures dans la cocotte, et laisser mijoter 10 minutes.
11. Vérifier l'assaisonnement et servir.

Les mots du chef

Un plat gourmand et chaleureux qui fleure bon l'automne ! Prisé par les amateurs de gibier et oublié par la majorité, le lapin mérite néanmoins qu'on s'y intéresse. Sa chair peu grasse et riche en oméga-3 est plus que bienvenue à une époque où le « cuisiner léger » s'impose en quasi-dictature. La chair moelleuse du lapin mariée avec le fondant des choux saura séduire tous les palais. Juste avant de servir mon plat, j'adore le saupoudrer de noix de cajou grossièrement concassées. Bon appétit !

Les mots du chef

Une belle recette, autant pour son apparence finale de tarte aux carottes retournée que pour son goût ! Et antigaspi, qui plus est ! Cette revisite froide – accompagnée de sa sauce relevée au raifort – augure un grand moment de gourmandise et de convivialité. Bon appétit !

BŒUF MODE, SAUCE RAIFORT

4 couverts

Préparation sur 2 jours
+ 2 nuits au réfrigérateur
Cuisson : 4 h 30

Ingrédients

2 joues de bœuf

1 pied de veau

10 carottes

5 oignons jaunes

1 bouquet garni

1 étoile de badiane

1 clou de girofle

20 g de cacao en poudre

2 litres de vin rouge

1 orange

1 pot de raifort

Jour 1 :

1. Faire tailler le pied de veau et les joues de bœuf en 4 morceaux par votre boucher.
2. Préchauffer le four à 200 °C (th. 6-7).
3. Déposer les viandes dans une cocotte en fonte.
4. Laver et éplucher les carottes, et les couper en rondelles de 3-4 mm d'épaisseur.
5. Éplucher l'orange, la presser et en conserver la peau.
6. Émincer finement les oignons et les incorporer dans la cocotte en ajoutant le bouquet garni, les carottes, la badiane, le clou de girofle, le cacao, la peau de l'orange, puis saler.
7. Recouvrir avec le vin rouge et le jus d'orange, et porter à ébullition, puis enfourner la cocotte et laisser cuire 4 heures.
8. Laisser refroidir et reposer au frais pendant 1 nuit.

Jour 2 :

1. Déposer la cocotte sur le feu, puis extraire les viandes, le bouquet garni et la peau de l'orange dès les premières ébullitions.
2. Faire ensuite réduire d'un tiers.
3. Désosser le pied de veau et le découper en petits morceaux ; tailler grossièrement les joues, puis remettre l'ensemble dans la cocotte pour une cuisson de 20 minutes à découvert et à feu doux.
4. Tapisser le fond et les parois d'un grand plat type terrine avec les rondelles de carottes.
5. Superposer ensuite couches de viande et couches de carottes jusqu'au bord.
6. Recouvrir de jus de cuisson, bien tasser et laisser une nouvelle nuit au réfrigérateur.

Dressage et dégustation :

Retourner délicatement le plat sur une grande et belle assiette, et déguster ce bœuf savoureux accompagné de sa sauce au raifort.

C'est bon de vivre,
c'est dangereux mais c'est bon.

- Louis de Funès alias Félicien Mézeray -

Le Tatoué

Non non non, pas de préjugé sur les tripes ! Et en bon Normand, je peux vous dire qu'il m'est arrivé d'en manger au petit déjeuner. Denys de La Patellière réunit deux monstres du box-office dans cette comédie haute en couleur. Gabin campe un aristocrate ruiné dont le tatouage sur le dos, qui date de ses années à la Légion, serait signé Modigliani. C'est cette bizarrerie que convoite de Funès, marchand d'art arriviste prêt à tout pour la récupérer.

On a entendu beaucoup de choses sur les relations entre Gabin et de Funès sur le tournage. En vérité, les deux hommes s'appréciaient énormément. Et si ce tournage a en effet été moins chaleureux entre eux que *La Traversée de Paris* ou *Le Gentleman d'Epsom*, c'est pour des raisons liées à leur statut de vedettes. Mais qu'importe, ce sont des histoires d'arrière-cuisine qui n'entachent en rien la collaboration de ces deux monstres sacrés.

Ce film, que j'adorais quand j'étais enfant, nous offre une très belle scène de repas avec un Gabin pantagruélique qui initie son partenaire ascétique aux plaisirs de la table. Bien sûr, ce ne sont pas des plats que l'on mange tous les jours, mais il faut savoir se faire plaisir, et comme dit de Funès dans cette scène magnifique : « C'est bon de vivre, c'est dangereux mais c'est bon. »

Et n'oubliez pas d'accompagner le chou farci d'« un petit beaujolais qui a du corps », et vos tripes de cidre, car sinon ce serait « comme aller à Dieppe sans voir la mer » !

MARTINI

TRIPES AU CHAMPAGNE

4 couverts

Préparation : 20 min
Cuisson : 1 h

Ingrédients

1,25 kg de gras double cuit au naturel

1 bouteille de champagne brut

1 l de crème fleurette

1 bâton de citronnelle

50 g de racine de gingembre

50 g de coriandre en poudre

2 carottes

3 oignons

450 g de petits oignons blancs

50 g de fécule de pomme de terre

50 cl d'eau minérale (ou filtrée)

500 g de petits pois frais écossés

1 petite botte d'asperges vertes

Piment d'Espelette

Sel, poivre

Réalisation :

1. Faire revenir les oignons blancs émincés dans une grande cocotte.
2. Ajouter les carottes épluchées et coupées en petits morceaux, la coriandre, la citronnelle et le gingembre coupé en cubes et faire cuire pendant 15 minutes à petit feu.
3. Incorporer le champagne et faire réduire d'un quart.
4. Ajouter la crème fleurette et porter à ébullition.
5. Couper le gras double en gros cubes tout en conservant sa gelée et les déposer avec la gelée dans la cocotte. Assaisonner de sel, de poivre et d'une pointe de piment d'Espelette, puis laisser cuire à petite ébullition pendant 45 minutes.
6. Incorporer les oignons blancs, les petits pois et la fécule de pomme de terre diluée dans l'eau froide, et laisser cuire à petits bouillons pendant 15 minutes.
7. Tailler les asperges vertes en 3 ou 4 tronçons de 3 cm, les ajouter dans la cocotte, puis poursuivre la cuisson 2 minutes.

Dressage :

Verser les tripes dans un plat de service profond et les entourer des petits pois et de quelques pointes d'asperges. On peut aussi servir à même la cocotte.

Les mots du chef

Une recette de haute volée ! Gabin était un grand épicurien, amoureux de la bonne chère, et il adorait les tripes que sa cuisinière lui préparait... avec du champagne brut ! J'ai été conquis et je me suis permis de rehausser la recette avec du gingembre et de la citronnelle. Un mariage éblouissant qui saura séduire les palais les plus délicats ! En effet, si les abats sont souvent considérés comme des « mal-aimés », les tripes prennent ici un nouvel envol par un mariage de saveurs raffiné et délicat. Je suis certain que vous serez tout aussi conquis que moi.

Les mots du chef

Si le chou farci chaud incarne un plat qui, au fil du temps et malgré les modes, reste un des classiques emblématiques de la cuisine française, cette variante à déguster froide saura se faire apprécier par tous les gourmets ! Une recette qui nécessite du temps pour que s'opère un échange d'arômes et de saveurs entre les ingrédients, afin d'obtenir une harmonie parfaite en bouche. L'idéal, à mon sens, est de le déguster 2 jours après sa confection.

CHOU FARCI

4 couverts

Préparation : 30 min
Cuisson : 50 min la veille
+ 45 min de réchauffage
Repos : 1 nuit

Ingrédients

2 choux verts

2 carottes

1 kg de chair à saucisse

2 oignons blancs

2 gousses d'ail

1 boîte de tomates pelées avec leur jus

400 g de champignons de Paris

1 cuil. à soupe d'estragon

Piment d'Espelette

1 cuil. à soupe d'huile d'arachide

1 cuil. à soupe de beurre

1 cuil. à soupe de sucre en poudre

Sel, poivre

La veille :

1. Nettoyer tous les légumes sous l'eau claire. Effeuiller soigneusement les 2 choux. Peler et couper les carottes en rondelles. Éplucher et ciseler finement les oignons et l'ail. Hacher les champignons de Paris.
2. Déposer les feuilles de chou dans une grande casserole d'eau bouillante salée, et les faire cuire 3 minutes. Puis les jeter immédiatement dans un récipient d'eau glacée afin de fixer leur chlorophylle et de préserver leur saveur.
3. Mixer la boîte de tomates pelées avec leur jus et réserver.
4. Dans un grand faitout, faire chauffer l'huile d'arachide et le beurre, y faire revenir les oignons, puis ajouter les carottes. Incorporer la chair à saucisse, l'estragon, les champignons hachés, l'ail, du piment d'Espelette, les tomates pelées mixées et le sucre. Saler et poivrer, et laisser cuire 45 minutes, jusqu'à réduction de moitié.
5. Préchauffer le four à 150 °C (th. 5).
6. Tapisser le fond et les parois d'un saladier rond (type cul-de-poule) avec les feuilles de chou, en les laissant dépasser (elles vont servir à la cohésion de l'ensemble). Remplir le saladier en alternant farce et feuilles de chou. Terminer par de belles feuilles vertes.
7. Déposer le saladier sur une lèchefrite, verser de l'eau et enfourner au bain-marie pour 1 heure. Laisser refroidir puis reposer au réfrigérateur une nuit, voire deux !

Le jour même : dressage et dégustation (froide ou chaude)

- Pour déguster le chou farci froid : démouler délicatement le chou sur une grande et belle assiette et l'accompagner de pickles de légumes.

- Pour le déguster chaud : le faire chauffer au bain-marie, au four à 150 °C (th. 5), pendant 45 minutes.

CHOUCROUTE

4 couverts

Préparation : la veille
Cuisson : 1 h 25

Ingrédients

600 g de choucroute
(chez votre charcutier traiteur)

1 cuil. à soupe de graisse d'oie

3 oignons blancs

1 cuil. à café de baies de genièvre concassées

200 g de lard fumé

25 cl de vin blanc

20 cl d'eau minérale (ou filtrée)

Garnitures

1 jarret de porc demi-sel

200 g de palette de porc

100 g de poitrine fumée

1 saucisse de Morteau

1 saucisse de Montbéliard

4 saucisses de Francfort

2 carottes

2 oignons

1 bouquet garni

1 branche de céleri

1 cuil. à café de baies de genièvre

1 cuil. à soupe de gros sel

8 pommes de terre

Réalisation :

1. Faire revenir les oignons blancs émincés avec la graisse d'oie dans une grande cocotte, incorporer les baies de genièvre concassées, puis laisser cuire 5 minutes à feu doux.
2. Incorporer le lard fumé découpé en lardons et faire suer 3 minutes.
3. Ajouter la choucroute puis mouiller avec le vin blanc et l'eau, et faire cuire 25 minutes à feu doux.
4. Déposer dans une grande casserole le jarret, la palette de porc, la poitrine fumée, les carottes et les oignons pelés, le bouquet garni, le céleri, les baies de genièvre entières et le gros sel. Écumer et faire cuire à petite ébullition pendant 1 heure.
5. Après ce délai, ajouter toutes les saucisses et les pommes de terre épluchées, et laisser cuire encore 20 minutes.
6. Préchauffer le four à 200 °C (th 6-7).
7. Tapisser le fond d'un large plat à gratin avec le chou, déposer l'ensemble des viandes dessus et couvrir des pommes de terre.
8. Arroser de bouillon de cuisson et enfourner pour 30 minutes.

Les mots du chef

Un plat bien plus savoureux s'il est préparé la veille. Je vous suggère de servir la choucroute avec du raifort plutôt qu'avec l'habituelle moutarde. Par ailleurs, la meilleure variété de chou est le quintal d'Alsace, un chou pommé très volumineux ; demandez à votre charcutier si c'est celui qu'il propose. Bon appétit !

DAUBE AUX HARICOTS ROUGES

4 couverts

Préparation sur 2 jours
Cuisson : 3 h 10

Ingrédients

2 joues de bœuf

300 g de poitrine fumée

300 g de haricots rouges secs

2 carottes

2 oignons

4 gousses d'ail

1 bouquet garni

200 g d'oignons grelots pelés

1 cuil. à café de graines de coriandre

200 g de gingembre frais

1 cuil. à café de poivre noir

2 cuil. à soupe de sel

La peau de **1** orange bio

2 bouteilles de vin rouge

5 cuil. à soupe d'huile d'arachide

Beurre

1 cuil. à soupe de vinaigre de vin

2 cuil. à soupe de fécule de maïs

Ciboule

Noisettes concassées

La veille au soir :

Verser les haricots rouges dans un récipient et les couvrir d'eau (jusqu'à 5 cm de leur surface), puis les laisser tremper toute la nuit. (Une opération qui revient à libérer l'amidon, réhydrater les haricots et ramollir leur tégument ; ce qui les rend plus digestes !)

Le jour même :

1. Égoutter les haricots et les verser dans une casserole, les recouvrir d'eau et porter à ébullition avec le bouquet garni, les carottes et 1 oignon pelés. Baisser le feu et écumer les impuretés sur les parois et en surface.
2. Saler et poivrer, faire cuire à petite ébullition 40 minutes.
3. Laisser refroidir dans l'eau de cuisson. Réserver.
4. Préchauffer le four à 200 °C (th. 6-7).
5. Tailler les joues de bœuf en 4.
6. Verser l'huile d'arachide et ajouter un bon morceau de beurre, puis faire caraméliser le bœuf après l'avoir salé et poivré.
7. Ajouter la poitrine fumée découpée, le second oignon émincé, l'ail pelé, les épices et condiments, la peau de l'orange entière, puis couvrir de vin rouge.
8. Enfourner la cocotte pour 2 heures.
9. Incorporer les haricots rouges avec leur bouillon de cuisson et les oignons grelots, puis enfourner de nouveau pour 30 minutes.
10. Récupérer la sauce, la faire réduire dans une casserole en incorporant le vinaigre de vin et la fécule de maïs.
11. Déposer les viandes dans un plat, l'entourer des légumes, verser la sauce, parsemer de ciboule ciselée, de noisettes concassées et de petits bâtonnets de peau d'orange.

La daube aux haricots rouges : le plat préféré de Gabin !

PERDREAUX FARCIS AUX RAISINS

4 couverts

Préparation : la veille
Cuisson : 30 min

Ingrédients

4 perdreaux avec les cœurs et les foies séparés par votre artisan boucher

200 g de raisin blanc

Beurre

2 échalotes

1 carotte

100 g de champignons de Paris

100 g de chair à saucisse

2 cl de cognac

100 g de châtaignes en bocal

20 cl de porto

10 cl d'eau minérale (ou filtrée)

8 baies de genièvre

4 tranches de lard

2 gousses d'ail

Thym

Sel, poivre

Huile d'olive

La farce :

1. Faire fondre du beurre dans une grande poêle et faire revenir les échalotes ciselées.
2. Hacher la carotte, les champignons de Paris et les incorporer dans la poêle pour les faire suer 4 à 5 minutes.
3. Ajouter la chair à saucisse et faire flamber avec le cognac.
4. Déposer la farce dans un saladier, incorporer les cœurs et les foies hachés, la moitié des grains de raisin blanc coupés en deux, et 2 baies de genièvre écrasées.
5. Mélanger délicatement, puis farcir les perdreaux.
6. Les habiller d'une tranche de lard et les ficeler.

La cuisson :

1. Préchauffer le four à 200 °C (th. 6-7).
2. Faire chauffer 1 cuillerée à soupe d'huile d'olive dans une grande cocotte en fonte et faire revenir les gousses d'ail coupées en deux, le thym et le reste des baies de genièvre.
3. Déposer les perdreaux dans la cocotte , saler et poivrer et enfourner pour 15 minutes, en les tournant et en les arrosant toutes les 3 minutes.
4. La cuisson terminée, les retirer de la cocotte, puis ôter toute la graisse ; verser le porto et l'eau, et porter à ébullition.
5. Incorporer le reste de grains de raisin blanc, les châtaignes coupées en deux, et faire cuire 3 minutes à petit feu.
6. Remettre les perdreaux dans la cocotte, à couvert et hors du feu, et laisser infuser une bonne dizaine de minutes, en les arrosant 2 à 3 fois.
7. Dresser les perdreaux dans un beau plat de service, les entourer des garnitures et déguster bien chaud.

Les mots du chef

Les amateurs de gibier seront comblés ! Le perdreau (ou perdrix jeune) possède une chair tendre et fondante, très recherchée et appréciée des gastronomes. Riche en goût et peu gras, il se déguste essentiellement rôti, grillé ou cuit en cocotte.

Le Jardinier d'Argenteuil, 1966

Sur la route des vacances

Grand-père n'a jamais supporté la chaleur. Ses lieux de villégiature ne dépassaient jamais l'ouest de l'Hexagone, et il répliquait sentencieusement que « passé la Loire, c'est l'aventure ». Il affectionnait tout particulièrement la ville bretonne de Sainte-Anne-la-Palud, où il avait ses habitudes en famille à l'hôtel de la plage de Mme L'Helgouach, qui faisait un beurre blanc comme il n'en avait jamais mangé. En Normandie, la famille passait les vacances d'été à Deauville pour profiter des courses de chevaux. Le départ en vacances répondait à une organisation bien précise.

La famille ne faisait jamais la route d'une traite pour Deauville, mais faisait toujours un stop à Bonnefoi. Deux voitures partaient, le break que conduisait ma grand-mère, chargé des valises et de la ménagerie (chien, chat, tortue, mainate...), et celle de grand-père, avec la gouvernante (surnommée « la Teule ») et les trois enfants.

Gabin avait d'ailleurs ses haltes de prédilection en fonction des itinéraires suivis. Il y avait notamment, quand la route de Normandie passait encore par Pontchartrain, Chez Sam, une auberge tenue par un ancien acteur, dompteur de poules qui ne résistait pas à faire ses tours aux tables à la fin des repas. C'est d'ailleurs dans cette auberge qu'un jour mes grands-parents croisèrent Orson Welles, qui mangeait seul à une table voisine. Consciente de cette promiscuité inattendue dans un pareil lieu, ma grand-mère le signala à Gabin en lui demandant de lui présenter le grand acteur américain. D'un haussement d'épaules, il lui répliqua : « Non, c'est un con. » Personne ne sut jamais pourquoi, mais il n'était pas rare qu'Untel ou Untel, sans que personne – ni même parfois la personne concernée – ne sache pourquoi, soit un « con » quand grand-père l'avait décidé ainsi. Welles était un ami de Marlene, je suppose qu'une rencontre hollywoodienne entre eux ne lui avait pas laissé le meilleur souvenir.

Même si la plupart de ces adresses n'existent plus aujourd'hui, nous en citerons quelques-unes pour mémoire : La Poularde de Houdan, le Kilomètre 104 à Tillières, Le Caneton à Orbec, ou encore La Truite à Saint-Martin-aux-Chartrains... Toujours est-il qu'une fois arrivé, il profitait du bon air iodé pour se vivifier, et se régalait des trésors de la mer.

Archimède le clochard

Archimède, c'est le clochard céleste, la poésie des rues, un Diogène des temps modernes sublimé par la plume d'Audiard. Sans domicile fixe, il refuse de ressembler à ses contemporains et préfère la compagnie des chiens perdus (dont il fait un gagne-croûte) à celle des travailleurs syndiqués. Gabin a souvent dit que la composition de ses personnages passait par le costume.

Alors qu'il préparait ce film, le chef maçon de La Pichonnière vit un matin déambuler sur la propriété un homme à l'allure mal soignée. Il s'approcha de lui pour lui signifier qu'il était sur une propriété privé et qu'il devait la quitter sur-le-champ. L'homme répondit : « Mais monsieur Pouzaud, c'est moi. » C'était grand-père, il avait l'allure, le costume, la barbe de son personnage, à tel point que son employé ne l'avait même pas reconnu. Il se baladait seul dans ses fracs, gambergeant certainement au personnage, et a dû s'amuser de si bien tromper un familier.

Personne ne sait comment il préparait réellement ses rôles, mais cette anecdote montre bien un travail de recherche et de composition. Archimède a beau vivre dans la rue, il est érudit, libre, chante, danse et connaît les bonnes manières, ce qui lui ouvre toutes les portes. Ainsi, lors d'un passage dans un restaurant guindé où il sait avoir toujours son couvert, il se délecte d'un magnifique turbot poché.

Archimède, c'est le clochard céleste, la poésie des rues, un Diogène des temps modernes sublimé par la plume d'Audiard.

Les mots du chef

Les amateurs de poisson seront comblés par cette recette de lotte qui a tout pour plaire ! Ce poisson a l'aspect hideux (son surnom est « crapaud » ou « diable de mer » et il suffit de voir sa tête pour comprendre !) est néanmoins doté d'une chair ferme d'une finesse incomparable, très prisée des connaisseurs. Accompagnée du croquant des asperges et des petits pois, cette recette gourmande nous garantit un repas léger et succulent ; bon appétit !

PAVÉS DE LOTTE À L'ARMORICAINE, ASPERGES ET PETITS POIS

4 couverts

Préparation : 30 min
Cuisson : 40 min

Ingrédients

4 pavés de lotte de 200 g chacun avec leurs parures

1 brin de thym

2 gousses d'ail

Huile

Farine

Beurre

12 petites asperges vertes

300 g de petits pois extrafins écossés

Pour la sauce

4 étrilles

3 échalotes

1 oignon blanc

2 gousses d'ail

1 brindille de thym

Huile d'olive

2 cl de cognac

25 cl de vin blanc

2 étoiles de badiane

1 cuil. à café de graines de coriandre

1 cuil. à café de poivre en grains

Piment d'Espelette

25 cl d'eau minérale (ou filtrée)

1 cuil. à café de concentré de tomates

33 cl de crème fleurette

1 citron bio

La sauce armoricaine :

1. Faire revenir à la cocotte les échalotes et l'oignon émincé avec l'ail et le brin de thym dans 1 cuillerée à soupe d'huile d'olive.
2. Une fois le mélange bien chaud, incorporer les étrilles et les parures de lotte puis, à l'aide d'un rouleau à pâtisserie, concasser les crustacés et les parures. Faire revenir le tout à feu vif, puis flamber avec le cognac.
3. Ajouter le vin blanc, la badiane, les graines de coriandre, le poivre et le piment d'Espelette, puis faire réduire « à sec ». Une fois tout le liquide évaporé, ajouter l'eau minérale et laisser de nouveau réduire.
4. Ajouter le concentré de tomates et la crème fleurette, porter à ébullition et laisser mijoter 10 minutes.
5. Stopper le feu, incorporer la peau du citron et laisser infuser 15 minutes.
6. Une fois l'infusion terminée, passer l'ensemble au chinois en pressant fortement. Laver la cocotte et y remettre la sauce ; vérifier l'assaisonnement, puis porter à ébullition ; donner 3 petits tours de mixeur pour obtenir une crème lisse et aérienne. La conserver au chaud.

Cuisson des asperges :

Pour garder le croquant et le goût printanier des asperges sans faire ressortir leur côté filandreux, les jeter coupées en deux dans l'eau bouillante salée pour une cuisson de 3 minutes et une texture *al dente* ! (pour juger de la cuisson, piquer à la naissance de la pointe, le couteau doit entrer facilement mais on doit sentir une fermeté). Conserver les petits pois crus.

Cuisson des pavés de lotte :

1. Faire revenir le thym et l'ail coupé en deux dans une grande poêle huilée.
2. Assaisonner et fariner légèrement les pavés de lotte ; les déposer dans la poêle.
3. Les faire revenir en ajoutant quelques morceaux de beurre pour les nacrer ; arroser délicatement chaque pavé, ne pas les laisser cuire plus de 2 minutes de chaque côté.
4. Stopper le feu et laisser le poisson reposer dans la poêle durant 5 minutes, pour une ultime cuisson douce qui permet d'éviter le dessèchement tout en permettant aux chairs de s'imprégner de chaque arôme.

Finition :

Déposer les pavés de lotte dans la cocotte de sauce chaude en incorporant les petits pois et les asperges puis laisser ainsi 5 minutes, à couvert et hors du feu.

Verser un fond de sauce dans de jolies assiettes (ou un beau plat de service), y déposer les pavés et les entourer des asperges et des petits pois.

SOLE MEUNIÈRE

4 couverts

Préparation : 5 min
Cuisson : 5-6 min

Ingrédients

2 belles soles préparées par le poissonnier

2 cuil. à soupe d'huile d'arachide

100 g de beurre

30 g de farine

1 citron

1 cuil. à soupe de persil

Sel, poivre

Réalisation :

1. Fariner les poissons et les secouer délicatement pour en ôter le surplus ; les saler et poivrer.
2. Faire revenir l'huile d'arachide et le beurre dans une poêle jusqu'à obtenir un beurre noisette à l'harmonieuse nuance dorée.
3. Lorsque le beurre commence à mousser, faire cuire les soles côté blanc en premier (côté le plus plat).
4. Arroser en permanence les poissons, tout en faisant attention que le beurre noisette ne brunisse pas.
5. Stopper le feu, déglacer avec un peu de jus de citron.
6. Déposer les soles sur un plat, les arroser de beurre noisette, les parsemer de persil ciselé et décorer avec 2 tranches de citron pelé à vif.

Les mots du chef

C'est le poisson préféré des gourmets, sa chair maigre est d'une rare finesse, or le beurre noisette est l'étape essentielle qui nécessite toute votre attention ! Il suffit de se montrer scrupuleux : faire fondre le beurre à feu doux et régulier. Remuer avec une cuillère en bois ; une mousse va se former (c'est de la caséine, protéine qui constitue la majeure partie des composants azotés du lait), vous allez entendre un petit crépitement qui va diminuer petit à petit – en cuisine, on dit que le beurre « chante ». Le beurre fondu prend alors une belle couleur ambrée avec une odeur de noisette, d'où son nom ! On dit que « la sole nage deux fois, une fois dans la mer, une fois dans le beurre », alors soyez généreux en beurre !

HOMARDS FLAMBÉS SAUCE AU COGNAC

4 couverts

Préparation : 20 min
Cuisson : 25 min

Ingrédients

4 homards de 400 g

3 carottes

1 poireau

1 branche de céleri

1 grosse poignée de sel (40 g)

1 cuil. à soupe de poivre

1 clou de girofle

1 bouquet garni

2 étoiles de badiane

25 cl de cognac

Pour la sauce cognac-avocat :

1 avocat bien mûr

Concentré de tomate

1 cuil. à soupe de cognac

Sauce cognac-avocat :

Mixer la chair de 1 avocat, puis y incorporer 1 cuillerée à café de concentré de tomates et 1 cuillerée à soupe de cognac. Réserver au frais.

Cuisson des homards au court-bouillon :

1. Nettoyer et éplucher les carottes, puis les tailler en rondelles ; couper le poireau et le céleri en tronçons, et plonger ces légumes dans une grande marmite remplie d'eau.
2. Condimenter ce court-bouillon avec le sel, le poivre, le clou de girofle, le bouquet garni et la badiane.
3. Faire cuire à gros bouillons durant 20 minutes.
4. Y plonger les homards et les laisser cuire 4 minutes.
5. Faire chauffer le cognac dans une petite casserole.
6. Égoutter les homards, les déposer dans un plat, puis les flamber devant les convives qui en salivent déjà.

Les mots du chef

Quand le roi des rois bretons s'invite à table, autant lui faire honneur ! Du raffinement dans vos assiettes avec cette recette facile à réaliser qui est des plus exquises ! On se régale de sa chair fine rehaussée par l'arôme du cognac qui se marie harmonieusement avec cette sauce originale. Si vous souhaitez servir cette recette en plat principal, vous pouvez l'accompagner d'un riz sauvage ou d'une poêlée de légumes de saison. Bon appétit !

OMBLE CHEVALIER ET ASPERGES VERTES

4 couverts

Préparation : 15 min
Cuisson : 15 min

Ingrédients

2 ombles chevalier de 1 kg chacun (demander au poissonnier de les préparer)

1 cuil. à soupe de pickles d'oignons (voir recette ci-contre)

2 gousses d'ail

Piment d'Espelette

Thym et romarin

Huile d'olive

20 pointes d'asperges vertes

Roquette

Parmesan en copeaux

Pour les pickles d'oignons

4 oignons

100 g de sucre roux

1 cuil. à café de graines de coriandre

20 cl d'eau minérale (ou filtrée)

1 cuil. à café de poivre noir en grains

40 cl de vinaigre de cidre

1 cuil. à café de baies roses

4 brindilles de thym

1 cuil. à café de gros sel

2 feuilles de laurier

1 baie de genièvre

1 clou de girofle

Réalisation :

1. Préchauffer le four à 200 °C (th. 6-7).
2. Déposer les ombles dans un grand plat à four, les arroser d'huile d'olive, les parsemer de thym et de romarin, ajouter les pickles d'oignons, les gousses d'ail pelées et une pointe de piment d'Espelette.
3. Enfourner pour 10 minutes.
4. Faire cuire les pointes d'asperges dans une casserole d'eau bouillante salée durant 2 minutes, puis bien les rafraîchir sous l'eau froide et les égoutter.
5. Sortir le plat du four et ajouter les pointes d'asperges, puis remettre au four 2 minutes afin de tiédir les asperges sans leur ôter leur succulent croquant.
6. Dresser les poissons dans un grand plat, les recouvrir de roquette, de copeaux de parmesan et les entourer des pointes d'asperges taillées en tronçons.

Les pickles d'oignons :

Éplucher les oignons, les tailler en deux et en petites tranches de 0,5 cm d'épaisseur dans le sens de la largeur, puis les mettre dans un bocal. Placer tous les autres ingrédients dans une casserole et porter à ébullition. Verser sur les oignons, fermer et laisser refroidir. Les pickles se conservent ainsi 1 mois maximum au réfrigérateur.

Les mots du chef

L'omble chevalier, un poisson de rivière aussi noble que méconnu. La qualité de sa chair en fait pourtant un poisson très prisé des gastronomes avisés. Pour celles et ceux qui n'en ont jamais dégusté, ce sera une découverte des plus appréciable ! Sa texture dense et sa saveur plus affirmée que celle de la truite sont une révélation en bouche. Bon appétit !

Gilles Grangier, Jean Gabin, Jacques Prévert et sa nièce Catherine Prévert sur le tournage de *Gas-oil*, 1955.

C'est une chanson qui nous ressemble

Gabin, qui a commencé sa carrière au music-hall, au caf'conc', comme il disait, aimait pousser la chansonnette après un repas bien arrosé. Après la guerre il retrouve Carné et Prévert pour préparer *Les Portes de la nuit*. La bande se retrouve Au Vieux Pont-Neuf, rue Dauphine, un établissement tenu par trois sœurs dans lequel Prévert a ses habitudes. Ils sont accompagnés du photographe Brassaï et du compositeur Joseph Kosma. Dans une arrière-salle où se trouve un piano droit, Kosma présente à Gabin la chanson principale du film dont Prévert a écrit les paroles : *Les Feuilles mortes*. Gabin est sous le charme, il demande à Kosma de la jouer et de la rejouer, et finira par en entonner les premiers couplets et le refrain. Il se vantera plus tard d'avoir été le premier à avoir chanté cette chanson écrite pour lui, mais que, s'étant brouillé avec Carné et Prévert, il n'enregistra jamais. Il regrettera à la fois cette brouille et de ne pas avoir fait ce film : « J'ai fait la connerie de ma vie », mais cela aura permis à un jeune premier encore inexpérimenté, un certain Yves Montand, de faire ses débuts.

Gabin poussant la chansonnette lors d'un séjour à Saint-Jean-Cap-Ferrat, en 1940.

Gabin enregistrant la chanson *Maintenant je sais* écrite par Jean-Loup Dabadie, 1974.

BOUILLABAISSE DE SAINT-TROPEZ

4 couverts

Préparation : 40 min
Cuisson : 1 h 15

Ingrédients

Poissons et crustacés

3 petites rascasses

3 vives

3 petits rougets-grondins

400 g de filet de lotte taillé en 4 pavés

2 homards bleus de 400 g

6 étrilles

Pour le bouillon

2 litres d'eau minérale (ou filtrée)

1 bulbe de fenouil

10 pistils de safran

1 oignon blanc

3 échalotes

3 gousses d'ail

1 blanc de poireau

1 cuil. à soupe de concentré de tomates

Thym, laurier, persil

10 cl de Ricard

10 cl d'huile d'olive

Sel

Poivre du moulin

Piment de Cayenne

Pour la garniture

2 bulbes de fenouil coupés en quatre

4 pommes de terre nouvelles coupées en deux

Préparation du bouillon :

1. Peler et émincer l'oignon, les échalotes et les gousses d'ail.
2. Éplucher, laver et émincer le fenouil et le poireau.
3. Faire chauffer l'huile d'olive dans une grande cocotte, puis incorporer oignon, échalotes, fenouil et poireau, et les faire suer quelques minutes en remuant.
4. Ajouter 2 étrilles, les poissons taillés en morceaux, et mélanger 5 minutes à feu moyen.
5. Incorporer du thym, du laurier, l'ail émincé et le concentré de tomates, mélanger, puis laisser cuire 10 minutes. Bien écraser le tout. Faire flamber avec le Ricard.
6. Mouiller avec l'eau, incorporer les pistils de safran, saler, poivrer, porter à ébullition et ajouter du piment à discrétion, puis laisser cuire à petits frémissements pendant 40 minutes.
7. Préchauffer le four à 200 °C (th. 6-7).
8. Dès la fin de la cuisson, passer l'ensemble au chinois en pressant fortement.
9. Verser ce bouillon filtré dans une cocotte, ajouter les pommes de terre, les morceaux de fenouil, les homards et les étrilles restants, puis laisser cuire 5 minutes.
10. Verser le tout dans un grand plat allant au four. Ajouter tous les poissons restants puis enfourner pour 10 minutes . Tailler les homards en deux et servir ainsi.

Conseil :

Il est indispensable de prendre des petits poissons de roche ! Les commander éventuellement chez le poissonnier. Demander au poissonnier d'écailler et de vider rascasses, vives et rougets, puis de découper 1 rascasse, 1 vive et 1 rouget en tronçons.

Les mots du chef

Une bouillabaisse de haute volée, raffinée et savoureuse ! Je vous conseille de la déguster avec des tranches de pain grillées et frottées à l'ail. Certains puristes seront probablement interloqués de constater ici la présence de homards, mais c'est en hommage à monsieur Gabin, qui résidait en Normandie et à qui il était plus facile de trouver ces crustacés que des langoustes ! Enfin, veuillez noter que seuls les poissons de roche sont recommandés dans la bouillabaisse, pour la puissance de leur goût. Régalez-vous !

TRUITES ARC-EN-CIEL AUX AMANDES

4 couverts

Préparation : 30 min
Cuisson : 8-9 min

Ingrédients

16 petites pommes de terre

4 truites arc-en-ciel de 300 à 400 g vidées et débarrassées de leurs ouïes par le poissonnier

1 cuil. à soupe d'huile d'arachide

1 cuil. à soupe de beurre

2 échalotes

Vinaigre

Sel

Poivre noir

Farine

Citron

Câpres

Amandes effilées

Persil frais

Réalisation :

1. Faire cuire les pommes de terre à la vapeur.
2. Passer les truites à l'eau claire, car c'est un poisson qui peut être amer s'il n'est pas scrupuleusement nettoyé.
3. Les déposer sur du papier absorbant, saler, poivrer et fariner ; secouer délicatement les poissons pour ôter le surplus.
4. Faire mousser l'huile d'arachide et le beurre dans une grande poêle antiadhésive. Cette étape est primordiale car le mélange ne doit aucunement brunir !
5. Déposer délicatement les truites dans la poêle et bien arroser les deux faces. Laisser cuire 8 à 9 minutes.
6. Couper les échalotes en rondelles et les faire mariner quelques minutes dans le vinaigre.
7. Déposer les truites dans un beau plat, les entourer de câpres, de petits morceaux de citron, d'échalotes marinées, et les parsemer d'amandes effilées et de persil ciselé.
8. Présenter les pommes de terre dans un joli récipient.

Les mots du chef

Une revisite simplissime ! La truite est un poisson gras mais doté d'une chair très délicate. Pour vous assurer qu'elle est bien fraîche, choisissez-la avec un œil bien bombé, une peau luisante et visqueuse, et des ouïes bien rouges. Vous n'aurez pas besoin de l'écailler avant de la préparer, vous devrez simplement la faire vider. Bon appétit !

RAIE JUS DE POMME, OSEILLE

4 couverts

Préparation : 10 min
Cuisson : 5 min

Ingrédients

4 beaux morceaux de raie de 200 g chacun

25 cl de jus de pomme non sucré

2 gousses d'ail pelées

1 pointe de paprika fumé

1 pointe de piment d'Espelette

1 cuil. à café de Viandox

25 cl d'eau minérale (ou filtrée)

1 bâton de citronnelle

Huile de sésame

Feuilles d'oseille

Petits pois crus frais ou décongelés

Sel, poivre

Réalisation :

1. Déposer les morceaux de raie dans un grand sautoir, ajouter le jus de pomme, l'ail, le paprika, le piment, le Viandox et l'eau ; couvrir de quelques feuilles d'oseille et déposer dessus le bâton de citronnelle ; saler et poivrer.
2. Porter à ébullition à découvert.
3. Baisser le feu dès les premières ébullitions, couvrir et laisser mijoter 5 minutes sans aucune ébullition.
4. Déposer un morceau de raie recouvert d'une feuille d'oseille sur chaque assiette ; arroser chaque poisson d'une généreuse cuillerée de jus de cuisson, puis d'un trait d'huile de sésame, et incorporer quelques petits pois crus.

Les mots du chef

Une revisite d'un grand classique, rapide et pleine d'arômes qui apportent à ce noble poisson une saveur inédite, très asiatique ! Cette recette m'a été inspirée par Gabin dans *Un singe en hiver* – film culte dont on ne se lasse jamais ! – et notamment par la nostalgie de son passé militaire en Chine. C'est cette réplique qui m'a fortement inspiré : « Je ne vous apprendrai rien en vous rappelant que Wang Ho veut dire fleuve jaune et Yang-Tsé-Kiang, fleuve bleu. Je ne sais pas si vous vous rendez compte de l'aspect grandiose du mélange : un fleuve vert ; vert comme les forêts, comme l'espérance ! Nous allons repeindre l'Asie, lui donner une couleur tendre. Nous allons installer le printemps dans ce pays ! »

Une petite info utile : sachez que les légumes congelés conservent les propriétés nutritionnelles des frais ; un fait rassurant et un gain de temps parfois bien utile. Bon appétit !

GRAND AÏOLI

4 couverts

Préparation : 40 min
Cuisson : 50 min

Ingrédients

600 g de dos de morue dessalée

300 g de pommes de terre

4 asperges vertes

4 asperges blanches

100 g de petits pois

1 poivron jaune

¼ de concombre

2 carottes

2 courgettes

2 oignons nouveaux

2 gousses d'ail

25 cl d'huile d'olive

1 pointe de piment d'Espelette

Basilic, persil, coriandre

Sel, poivre

La sauce aïoli

4 pommes de terre

3 gousses d'ail

2 jaunes d'œufs

20 cl d'huile d'olive

10 g de sel

Réalisation de la sauce aïoli :

1. Peler et couper les pommes de terre et les faire cuire dans une grande casserole avec 1 litre d'eau froide et 10 g de sel. Les égoutter et garder l'eau de cuisson.
2. Éplucher et hacher finement les gousses d'ail, les écraser dans un mortier (ou au robot de cuisine).
3. Ajouter un peu d'huile d'olive et écraser, jusqu'à obtenir une pâte homogène.
4. Déposer les pommes de terre dans un cul-de-poule et les écraser à la fourchette.
5. Incorporer la pâte d'ail et les jaunes d'œufs, et mélanger énergiquement.
6. Verser le reste d'huile d'olive progressivement, afin de faire monter la sauce comme une mayonnaise.
7. Incorporer 2 cuillerées à soupe d'eau de cuisson des pommes de terre afin d'apporter à l'ensemble un liant onctueux.

Cuisson des dos de morue :

Préchauffer le four à 100 °C (th. 3-4).
Laver, sécher et déposer les dos sur une plaque du four, puis les faire cuire 30 minutes.

Cuisson des légumes :

1. Préchauffer le four à 220 °C (th. 7-8).
2. Déposer le poivron dans un plat à four, l'assaisonner de sel, poivre, huile d'olive, puis enfourner pour 20 minutes. Ôter la peau et le tailler en lamelles. Réserver.
3. Peler et découper le concombre en bâtonnets puis l'assaisonner de sel, poivre, et d'un filet d'huile d'olive. Réserver.
4. Nettoyer et éplucher les carottes et les courgettes, puis les tailler en morceaux d'épaisseur moyenne.
5. Peler les gousses d'ail, les garder entières, peler et émincer les oignons.

6. Éplucher les asperges, éliminer la partie fibreuse et quelques millimètres de leur pied. Les plonger dans une casserole d'eau salée et les laisser cuire à petite ébullition (compter 5 à 7 minutes pour une cuisson *al dente* ; pour savoir si celles-ci sont parfaitement cuites, piquer la base à l'aide d'un couteau, elle ne doit plus opposer de résistance. Les couper en tronçons.
7. Faire cuire les carottes, les gousses d'ail et les courgettes al dente également (10 minutes environ).

Dressage :

1. Verser la sauce aïoli dans un grand plat de service, puis déposer les dos de morue dessus. Poser les gousses d'ail sur le poisson puis répartir avec harmonie les oignons, les lamelles de poivron, les asperges, les carottes et les courgettes tout autour.
2. Ajouter le concombre, une poignée de petits pois crus, et parsemer de coriandre, persil et basilic.
3. Terminer par une ultime pointe de piment d'Espelette et une bonne cuillerée à soupe d'huile d'olive.

Conseil :

Tous les légumes peuvent être cuits au cuit-vapeur, un mode de cuisson qui permet de préserver leurs vitamines, sels minéraux et antioxydants.

Les mots du chef

Si Gabin était encore là, il dirait : « Cette recette va vous rendre fada ! », comme on dit là-bas... En effet, rendons à César ce qui lui appartient : l'aïoli, c'est le Sud, c'est le plat qui fleure bon la Provence, c'est la Méditerranée par excellence ! Si la quantité d'ail utilisée peut vous sembler importante, soyez rassuré, car l'équilibre final saura séduire tous les palais. Une recette que l'on peut réaliser et déguster toute l'année car il suffit de l'adapter en choisissant les légumes de saison, puis de poser le plat sur la table, et de laisser la magie opérer !

Gabin démontrant ses talents culinaires
lors d'un déjeuner de l'Union des Artistes.

DUBONNET
VIN TONIQUE AU QUINQUINA
les chequ

Le fromage et les desserts

Tout comme il faut savoir bien finir un film, il faut savoir bien finir un repas. Gabin disait : « Pour faire un bon film, il faut primo une bonne histoire, deuxio une bonne histoire et tertio une bonne histoire. » Mais ici pas de climax ou de retournement de situation, on finit tout en douceur.

HEINZ
WORCESTER
SAUCE

BEURRE DE ROQUEFORT & SCHWARZBROT

4 couverts

Préparation : 30 min
Repos : 1 h 30
Cuisson : 1 h

Nous aurions pu mettre un florilège de fromages en amont sur un plateau tant nous en avons la passion dans la famille. Mais je préfère vous divulguer un secret, la manière dont nous accommodons notre roquefort, qui vient de Gabin lui-même, et j'avoue ne plus m'en passer. Il l'écrasait avec du beurre et de la sauce Worcestershire jusqu'a obtention d'une belle consistance, puis l'étalait sur du pain grillé ou du *Schwarzbrot*, du pain noir de seigle.

Ingrédients

Le beurre de roquefort

80 g de beurre demi-sel en pommade

300 g de roquefort

1 pincée de poivre noir concassé

12 ml de sauce Worcestershire

Le *Schwarzbrot* (pain noir)

25 cl d'eau minérale ou filtrée

175 g de farine de seigle T130

75 g de farine de blé T150

1 cuil. à soupe de sève de canne à sucre ou mélasse (en épicerie bio)

8 g de sel

1 cuil. à soupe de son d'avoine

1 cuil. à soupe de graines de tournesol

1 cuil. à soupe de graines de courge

1 cuil. à soupe de graines de sésame

1 cuil. à soupe de graines de lin

1 cuil. à soupe de graines de pavot

10 g de levure déshydratée

Préparation du *Schwarzbrot* :

1. Faire chauffer l'eau dans une casserole et y délayer la levure.
2. Mélanger les farines, le sel et le son d'avoine dans la cuve d'un robot mixeur.
3. Ajouter la levure diluée, toutes les graines, la sève de canne à sucre, et mixer pendant 10 minutes.
4. Répartir la pâte dans un moule à cake jusqu'à mi-hauteur, puis la laisser pousser pendant 1 heure 30.
5. Préchauffer le four à 180 °C (th. 6), déposer un ramequin rempli d'eau dans le four, et enfourner le pain pour 1 heure.
6. Laisser refroidir à température ambiante avant de démouler.

Préparation du beurre de roquefort :

1. Mélanger le beurre demi-sel avec le roquefort en les écrasant à la fourchette.
2. Incorporer le poivre et mélanger énergiquement afin d'obtenir une belle texture crémeuse.
3. Ajouter la sauce Worcestershire.
4. Verser l'appareil dans un joli plat et déguster ce beurre de roquefort avec des tranches de pain *Schwarzbrot* toastées.

Les mots du chef

Une recette délicieuse, et rapide, à déguster sur des toasts de pain noir, ou comme accompagnement gourmand pour vos fruits de mer et poissons fumés. Ce beurre concocté avec du roquefort est d'une saveur à se damner ! Quant au pain noir, je vous livre ici ma recette, mais vous pouvez également en trouver dans le commerce, en épicerie bio. Un pain excellent en bouche, comme pour la santé ! Particulièrement riche en fibres alimentaires, il constitue une source d'énergie au quotidien ; il est également riche en vitamines, phosphore et magnésium, et l'on peut le marier à sa guise. Que demander de plus ? Rien, car ce pain a tout bon !

Jean Gabin à 9 ans à Mériel.

Le jour de ses 58 ans sur le tournage du *Gentleman d'Epsom*.

Un goût d'enfance

Le dessert pour tout un chacun, c'est l'âme d'enfant qui refait surface, et cette âme d'enfant, Gabin ne l'a jamais perdue. L'œil qui frise, un langage rien qu'à lui fait d'associations d'images hilarantes, toujours prêt à la rigolade avec les copains, il a fait le plus beau métier du monde, et mieux que quiconque à son époque : il a joué. N'est-ce pas magnifique quand on part travailler, de dire à ses enfants : « Papa va jouer » ? Même s'il a cru que sa carrière allait s'arrêter après chacun de ses films et s'il disait préférer la terre et ses obligations car au moins c'était du concret, il a toujours aimé son métier d'acteur. « J'adore les acteurs, c'est chouette les acteurs, c'est bath les acteurs, ce sont eux qui traduisent tout », disait-il.

Alors terminons en rendant hommage à l'enfant qu'il est resté toute sa vie derrière l'image de dur. L'enfant fou de courses cyclistes qui suivait tous les Tours de France, allait au Vélodrome d'hiver et à qui le paris-brest devait rappeler de sacrés champions. Celui qui a certainement dû se cacher sous la table les dimanches de janvier pour distribuer les parts de galette des Rois aux convives réunis. Celui qui s'est peut être offert un baba au rhum avec ses premières paies dès l'âge de quatorze ans en sortant de l'usine. Celui à qui la grande sœur devait faire des tartes Tatin pendant les vacances ou quand il était malade. Ce môme grandi trop vite, à la gouaille et l'accent de titi parisien, qui n'a jamais cessé d'exister derrière ces yeux d'azur, ces épaules d'athlète et cette voix unique au monde, imprimés à jamais sur la pellicule des plus grands classiques du cinéma français.

Les mots du chef

Gabin disait que le savarin était un de ses desserts favoris, et chez ce gastronome épicurien, personne ne pourrait en douter ! Ce classique incontournable de notre pâtisserie reste indémodable, apprécié de tous les becs sucrés. Revisitée par mes soins, cette recette va vous combler de plaisir !

SAVARIN AU RHUM, CRÈME CHANTILLY

4 couverts

Préparation : 30 min
Repos : 40 min
Cuisson : 30 min

Ingrédients

Le sirop

10 cl de rhum

25 cl d'eau minérale (ou filtrée)

80 g de sucre roux

1 gousse de vanille coupée en deux

1 bâton de cannelle

1 cuil. à café de graines de coriandre

1 cuil. à café de grains de poivre

Le zeste râpé de 2 oranges bio

Le zeste râpé de 2 citrons bio

Le biscuit

250 g de farine

10 g de sucre en poudre

5 g de sel

2 œufs

12,5 cl de lait

17 g de levure de boulanger

60 g de beurre fondu refroidi

Beurre pour le moule

La chantilly

25 cl de crème fleurette bien froide

40 g de sucre glace

1 sachet de sucre vanillé

Réalisation du sirop :

Porter à ébullition dans une casserole tous les ingrédients, excepté le rhum, que l'on incorpore hors du feu. Laisser infuser jusqu'à total refroidissement.

Réalisation du biscuit :

1. Dissoudre la levure avec le lait dans un saladier. Réserver.
2. Mettre la farine, le sucre et le sel dans la cuve d'un robot, et ajouter délicatement les œufs, l'un après l'autre. Verser ensuite le lait avec la levure, puis mixer de façon à obtenir un mélange homogène.
3. Ajouter le beurre fondu et mixer durant 4 à 5 minutes.
4. Verser la pâte dans un moule à savarin d'un diamètre de 22 cm beurré, puis le déposer dans un lieu tiède pendant 40 minutes afin que la pâte puisse lever.
5. Préchauffer le four à 200 °C (th. 6-7) et enfourner le savarin pour 30 minutes.
6. Piquer le biscuit de la pointe d'un couteau pour vérifier sa cuisson : celle-ci doit ressortir sèche et nette.
7. Démouler le savarin sur une grille, l'imbiber du sirop.

Réalisation de la chantilly et dressage :

1. Déposer le bol du batteur (ou le saladier), le ou les fouets et la crème liquide au congélateur pendant 30 minutes avant de préparer la chantilly. Opter pour une crème entière ou, du moins, peu allégée (elle doit contenir 30 % de matières grasses minimum afin de bien monter).
2. Verser la crème fleurette dans le bol du batteur (ou le saladier) et battre jusqu'à ce que celle-ci commence à mousser.
3. Ajouter les sucres et continuer de battre jusqu'à ce que la pointe du fouet forme un « bec d'oiseau ».
4. Poser le savarin sur un beau plat et en garnir le centre de chantilly.

Conseil :

Je conseille un rhum ambré qui a vieilli en fût de bois, et surtout pas un rhum blanc, qui serait trop fort en alcool et trop agressif ! En effet, le rhum ambré titre environ 10 degrés d'alcool de moins, il est plus doux et s'est chargé, au contact du bois, d'arômes de vanille, de caramel et d'épices qui enchantent le savarin.

Il y a une règle pour imbiber correctement un savarin : un sirop froid quand le savarin sort du four ; un sirop chaud lorsque le savarin a refroidi.

SOUPE DE FRAISES AU VIN ROUGE

4 couverts

Préparation : 10 min
Repos : 1 nuit

Ingrédients

600 g de fraises

75 cl de vin rouge

1 cuil. à soupe de graines de coriandre

1 bâton de cannelle

1 cuil. à café de poivre noir

1 gousse de vanille

200 g de sucre roux

Le zeste de **1** orange bio

Le zeste de **1** citron jaune bio

La veille :

1. Verser le vin dans une grande casserole et ajouter les graines de coriandre, de poivre, le bâton de cannelle, la gousse de vanille fendue en deux, le sucre roux, les zestes d'orange et de citron prélevés avec un Économe.
2. Porter à ébullition, puis laisser infuser toute une nuit.

Le jour même :

1. Filtrer le jus.
2. Laver, équeuter et couper les fraises en deux ou en quatre.
3. Verser le jus sur les fruits et faire mariner cette soupe au réfrigérateur pour la déguster bien fraîche.

Dressage :

1. Déposer délicatement les fraises dans de jolies coupes en les prélevant avec une écumoire, ajouter une belle cuillerée à soupe de marinade.

Les mots du chef

Inspirée de la sangria, cette soupe de fraises au vin rouge sera le point culminant gourmand de vos repas printaniers et estivaux ! J'ai utilisé un gamay car les vins rouges du Beaujolais sont plus légers et me semblent plus appropriés ; ils rappellent les arômes des fraises sans prendre le dessus sur le fruit. Facile à exécuter et délicieuse, cette recette se suffit à elle-même, mais vous pouvez néanmoins l'accompagner d'une boule de sorbet citron vert ou de fraises des bois.

Les mots du chef

Les gourmets et lesgourmands vont succomber ! Une des recettes apprises à la Tour d'Argent, avec un nuage de cacao comme exhausteur de goût qui se marie harmonieusement avec le Grand Marnier ! Le soufflé, ce n'est pas compliqué dès lors qu'on respecte certaines règles, comme celles d'utiliser des œufs laissés à température ambiante, de monter les blancs très ferme et utiliser un moule prévu à cet effet. Je suis convaincu que vous finirez par obtenir le résultat spectaculaire attendu : un beau gâteau, savoureux, d'une légèreté à se damner... et à moindre frais, qui plus est !

SOUFFLÉ AU GRAND MARNIER CACAOTÉ

4 couverts

Préparation : 45 min
Cuisson : 25 min

Ingrédients

La base du soufflé

50 cl de lait entier

90 g de sucre semoule

3 jaunes d'œufs

40 g de farine

10 g de crème pâtissière en poudre

20 cl de Grand Marnier

Les blancs en neige

460 g de blancs d'œufs (environ 12 œufs)

50 g de sucre semoule

1 pincée de sel

Beurre en pommade + sucre semoule pour le moule

Poudre de cacao pour la finition

Réalisation :

1. Déposer le moule à soufflé dans le réfrigérateur 20 minutes avant de l'utiliser afin qu'il soit bien froid.
2. Faire bouillir le lait dans une casserole.
3. Mélanger les jaunes d'œufs avec le sucre dans une seconde casserole, et fouettez afin que le mélange blanchisse. Incorporer la farine et la poudre de crème pâtissière tout en fouettant.
4. Verser le lait bouilli sur les œufs blanchis, progressivement, puis faire cuire la préparation 2 à 3 minutes sans cesser de remuer. Stopper le feu, déposer la casserole au réfrigérateur.
5. Beurrer le moule à soufflé et le saupoudrer de sucre uniformément et bien jusqu'au bord. Le remettre au réfrigérateur tout en veillant de ne pas abîmer ce chemisage avec les doigts ou tout autre élément, car cela empêcherait la bonne levée du soufflé.
6. Préchauffer le four à 180 °C (th. 6).
7. Sortir la casserole du réfrigérateur et incorporer le Grand Marnier ; mélanger et faire chauffer délicatement à feu doux. Stopper le feu et réserver.
8. Monter les blancs en neige avec le sucre et le sel dans un cul-de-poule, sans trop les serrer (montage en « bec d'oiseau » : quand vous sortez le fouet des blancs montés, un bec d'oiseau se forme à son extrémité).
9. Incorporer le quart des blancs dans la casserole de la base du soufflé, en fouettant énergiquement et rapidement.
10. Ajouter délicatement le restant des blancs dans l'appareil à l'aide d'une spatule de façon à obtenir une texture homogène.
11. Verser la préparation dans le moule chemisé, en faisant attention de ne pas le toucher avec la spatule ou vos doigts. Tasser en tapant le moule sur le plan de travail. Enfourner pour 20 à 25 minutes sans ouvrir le four : observer l'allure du soufflé à travers la vitre.
12. Sortir le soufflé dès qu'il est bien gonflé et doré.
13. Le saupoudrer de cacao en poudre et le servir immédiatement.

Conseil :

N'ouvrez jamais la porte du four sous peine de voir vos efforts réduits à néant ; un simple courant d'air, et le soufflé perdrait tout son volume ! Par ailleurs, si l'amertume du cacao risque de déplaire à certains palais, remplacez-le par du sucre glace.

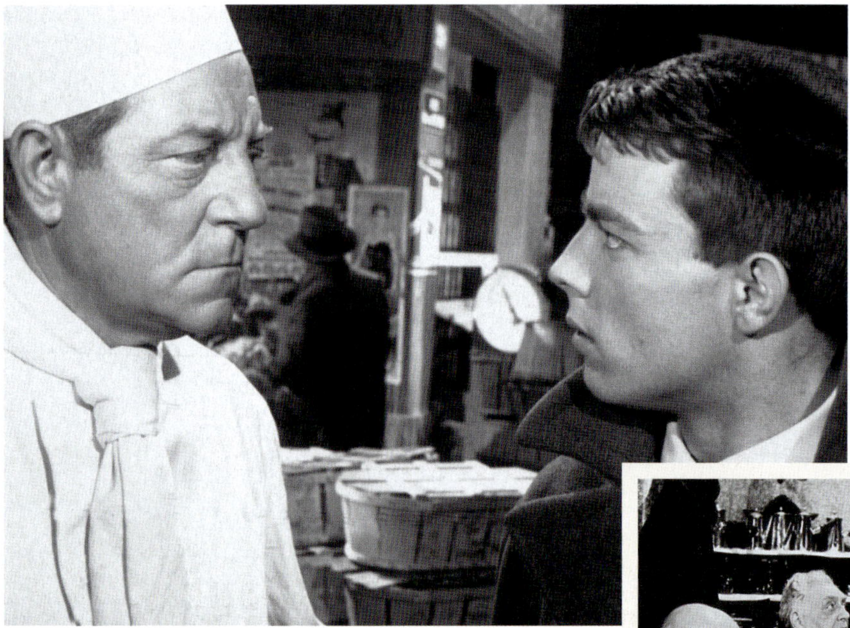

Une cuisine qui parle au ventre, au cœur, à l'esprit !

- Robert Pizani alias le président -

Voici le temps des assassins

Dernière collaboration entre Gabin et Duvivier, qui aux dires de ce dernier lui a tout appris sur son métier d'acteur. Ce film, dans la lignée duvivienne du réalisme noir, dépeint une société hypocrite à travers un drame où les femmes n'ont pas le beau rôle. Gabin y incarne un célèbre restaurateur des Halles. La caméra de Duvivier se balade dans le ventre de Paris aujourd'hui disparu, et jusqu'au cœur des cuisines du traiteur maraîcher avec un réalisme saisissant.

Mon grand-père était un connaisseur de la gastronomie et une fine bouche, mais il ne cuisinait jamais à la maison. Je suis fasciné de le voir évoluer dans la cuisine de son restaurant, au milieu de sa brigade, avec une telle aisance, rectifiant les sauces, dressant les assiettes, annonçant les suites, tout en maintenant un dialogue d'introduction narrative avec la jeune Danièle Delorme. C'est virtuose, on ne voit aucune ficelle, aucun « truc », c'est quasi documentaire tellement c'est réaliste. La technique s'efface pour laisser place à la vie, au vrai, voilà la marque du bel ouvrage. Au menu du jour dans ce film : queues d'écrevisses au chablis et crêpes Suzette en dessert.

Les mots du chef

Pourquoi devrait-on déguster des crêpes uniquement à la Chandeleur ? Une hérésie à mes yeux ! Les crêpes, c'est toute l'année ! Et la recette Suzette… c'est quand on veut ! Ces savoureuses crêpes imbibées d'un beurre sucré à l'orange, au citron et au Grand Marnier sont une gourmandise intemporelle, un incontournable de notre patrimoine gastronomique. J'ai volontairement choisi de ne pas les flamber, estimant que l'alcool se dissipe trop rapidement et perd de son arôme. Elles seront sublimées servies avec une boule de sorbet à l'orange sanguine ou une glace à la vanille de Madagascar… Vos papilles frétillent !

CRÊPES SUZETTE

4 couverts

Préparation : 40 min
Repos : 1 h
Cuisson : 30 min

Ingrédients

La pâte à crêpes

250 g de farine

50 cl de lait entier

3 œufs

1 cuil. à café de sucre

1 pincée de sel

Le beurre Suzette

12 cl de Grand Marnier

100 g de beurre pommade bien frais

100 g de sucre blond

2 oranges bio

1 citron bio

12 cl de jus d'orange

3 cl de jus de citron

Préparation des crêpes :

1. Verser la farine en fontaine dans un grand saladier, ajouter le sucre, le sel, les œufs, et bien mélanger.
2. Verser progressivement le lait et, à l'aide d'un fouet, battre énergiquement jusqu'à obtenir une texture lisse et homogène.
3. Filtrer la pâte à travers une passoire pour éliminer les grumeaux éventuels, puis la laisser reposer 1 heure.
4. Graisser un poêlon avec du papier absorbant imbibé d'huile de tournesol et confectionner 20 crêpes.
5. Les déposer pliées dans une belle et grande poêle. Réserver.

Préparation du beurre Suzette :

1. Peler 1 orange, puis tailler le zeste en bâtonnets.
2. Porter un peu d'eau à ébullition dans une petite casserole, verser les bâtonnets de zeste d'orange et ajouter 1 cuillerée à soupe de sucre, puis les faire cuire 15 minutes pour les confire.
3. Les prélever à l'écumoire et les déposer dans une passoire.
4. Réserver également leur jus de cuisson dans la casserole.
5. Peler à vif la deuxième orange et la couper en jolis quartiers. Réserver.
6. Verser le sucre blond dans une casserole, puis le fouetter avec 4 cl d'eau et réaliser un caramel.
7. Dès que le caramel prend une belle nuance blond doré, incorporer le jus d'orange et le jus de citron, puis fouetter à feu vif jusqu'à réduction des deux tiers.
8. Incorporer le jus de cuisson des zestes d'orange, puis le beurre pommade coupé en petits morceaux et le Grand Marnier.
9. Déposer les quartiers d'orange et les bâtonnets de zeste confits sur les crêpes, verser la sauce et déguster !

Conseil :

Un dessert gourmand et malin car on peut le préparer à l'avance ! Il suffit d'envelopper vos crêpes dans du film alimentaire et de les déposer au réfrigérateur ; tout comme la sauce, qu'il vous suffira de réchauffer au dernier moment. Les agrumes se marient parfaitement avec le Grand Marnier, le rhum et le Cointreau.

TARTE FINE AUX POMMES

4 couverts

Préparation : 30 min
Cuisson : 30 min

Ingrédients

250 g de pâte feuilletée

8 pommes Granny, Fuji ou Gala

20 g de beurre

20 g de sucre

Préchauffer le four à 180 °C (th. 6).

Tailler un cercle de pâte feuilletée à l'aide d'une assiette ronde d'un diamètre de 20 cm, et piquer la pâte à la fourchette. La réserver au frais.

Première cuisson :

1. Éplucher et évider 4 pommes ; les couper en deux, puis en tranches très fines.
2. Disposer les tranches en rosace sur le feuilletage.
3. Saupoudrer de sucre et parsemer de quelques petits morceaux de beurre.
4. Enfourner pour 15 minutes.
5. Laisser la tarte refroidir totalement.

Deuxième cuisson :

1. Éplucher et évider les autres pommes et tranchez-les finement.
2. Disposer les tranches de pommes sur la première couche.
3. Saupoudrer de sucre et parsemer de petits morceaux de beurre.
4. Enfourner à nouveau pour 15 minutes.
5. Poser cette tarte sur un joli plat et la servir à température ambiante.

Les mots du chef

LA tarte aux pommes : un grand classique ! Elle est appréciée de tous et très appréciable pour les repas au débotté ! Sachez que toutes les pommes ne sont pas adaptées, et la tarte perdrait de sa texture et de son équilibre gourmand par le choix d'une pomme qui ne s'y prête pas ! Je recommande donc des pommes d'une légère acidité (type Fuji ou Gala) et pour les papilles qui apprécient les Granny, n'hésitez pas. Je me suis inspiré d'une recette réalisée avec mon ami Michel Bernardaud, qui la prépare en deux cuissons et deux couches de pommes, pour une texture encore plus gourmande ! Une pure merveille, vous allez succomber !

GALETTE DES ROIS À LA FRANGIPANE

4 couverts

Préparation : 1 h 30
Repos : 2 h 20
Cuisson : 40 min

Ingrédients

La pâte feuilletée

200 g de farine type 45

220 g de beurre doux

2 cuil. à café de sucre semoule

1 g de fleur de sel

45 ml d'eau minérale (ou filtrée) à température ambiante

La frangipane

120 g de beurre doux

2 œufs

120 g de sucre semoule non traité

120 g de poudre d'amandes

12 cl de vieux rhum

Le sirop

10 cl d'eau minérale (ou filtrée)

20 g de sucre roux

La dorure

1 jaune d'œuf

Préparation de la pâte feuilletée :

1. Mélanger la farine avec le beurre coupé en morceaux dans un saladier, incorporer le sel et le sucre pour réaliser un mélange bien lisse et homogène, puis ajouter l'eau à température ambiante.
2. Réaliser une boule de pâte puis l'aplatir légèrement. Former ensuite un rectangle et l'envelopper de film alimentaire puis le laisser reposer au réfrigérateur 30 minutes.
3. Fariner généreusement le plan de travail et étaler la pâte au rouleau à pâtisserie en un long rectangle, puis le replier en trois.
4. Tourner le rectangle d'un quart, l'étaler et le replier ; réaliser cette opération 6 fois.
5. Envelopper l'abaisse dans du film alimentaire et la laisser reposer au réfrigérateur pendant 1 heure.

Préparation de la frangipane :

1. Travailler le beurre avec une cuillère en bois pour le réduire en pommade, ajouter les œufs et mélanger délicatement.
2. Incorporer le sucre de façon progressive, tout en mélangeant l'appareil.
3. Ajouter le rhum, mélanger, puis ajouter la poudre d'amandes.
4. Mélanger jusqu'à obtention d'une texture homogène et lisse, et laisser reposer au réfrigérateur.

Préparation du sirop :

1. Porter à ébullition le sucre et l'eau . Verser dans un bol et réserver.

Préparation de la galette :

1. Étaler la pâte et former deux cercles de 20 cm de diamètre ; les glisser au réfrigérateur pendant 10 minutes.
2. Déposer un des cercles sur le plan de travail, y étaler la frangipane de façon régulière tout en prenant soin de laisser 1 cm de bord libre. (C'est le moment d'y glisser la fève !)
3. Humidifier le bord libre au pinceau, puis recouvrir avec le second disque de pâte. Appuyer légèrement sur les bords pour faire adhérer les deux disques. Laisser reposer le tout au réfrigérateur 30 minutes.
4. Saupoudrer une plaque à four tapissée de papier sulfurisé d'une fine couche de sucre roux sur un espace de 30 cm de diamètre, puis y déposer la galette.
5. Tracer un joli quadrillage (ou une rosace) sur le dessus avec un petit couteau.
6. Faire une petite cheminée de 5 mm de diamètre au centre de la galette, pour permettre à la vapeur de s'échapper.
7. Mélanger le jaune d'œuf avec un peu d'eau et en badigeonner la galette au pinceau ; puis la glisser au réfrigérateur pendant 10 minutes.
8. Préchauffer le four à 175 °C (th. 6-7).
9. Enfourner la galette pour 40 minutes.
10. La laisser refroidir puis, à l'aide d'un petit pinceau, la lustrer de sirop pour y apporter un brillant ultra gourmand !

Conseil :

Pour les enfants – et les grands, restés des enfants ! – , fèves et couronnes individuelles s'achètent dans le commerce. Et pour les très grands gourmands, une boule de glace vanille accompagnera à la perfection cette galette !

Les mots du chef

Une recette qui révèle un feuilletage doré et de puissantes saveurs grâce à sa crème d'amande intense mariée à un vieux rhum ambré. Par ailleurs, ne vous laissez jamais démotiver par celles et ceux qui prétendront que la feuilletée implique des heures de tentatives ratées ! Certes, ce n'est pas la pâte la plus simple à réaliser, mais celle que je vous indique ici est inratable, c'est une variante, alors lancez-vous le cœur léger !

Avec Danièle Delorme dans *Voici le temps des assassins* (1956)

PARIS-BREST

4 couverts

Préparation : 1 h 15
Cuisson : 35 min

Ingrédients

La pâte à choux

3 œufs entiers

½ cuil. à café de sucre semoule

55 g de beurre (+ **10 g** pour le moule)

70 g de farine (tamisée)

125 g d'eau minérale (ou filtrée)

1 pincée de sel

La crème mousseline

250 g de crème pâtissière (25 cl de lait entier + ¼ de gousse de vanille + 50 g de sucre + 2 jaunes d'œufs + 20 g de farine)

200 g de crème au beurre (250 g de beurre pommade très mou + 75 g de sucre glace tamisé + 2 jaunes d'œufs)

150 g de praliné (chez votre boulanger ou en épicerie)

La décoration

Sucre glace

Amandes effilées

Réalisation de la couronne de chou

1. Préchauffer le four à 180 °C (th. 6). Fariner et beurrer un moule à savarin.
2. Préparer la pâte à choux. Faire chauffer l'eau, le sucre semoule, le sel et le beurre en morceaux dans une casserole sur feu moyen.
3. Une fois l'appareil bien fondu, retirer la casserole du feu. Verser la farine en pluie tout en remuant au fouet, jusqu'à ce que la farine soit totalement absorbée.
4. Remettre la casserole sur le feu pendant 30 secondes tout en mélangeant afin que la pâte s'assèche.
5. Retirez la casserole du feu et verser la pâte dans un cul-de-poule.
6. Incorporer les œufs un par un tout en fouettant afin d'obtenir une texture homogène et bien souple.
7. Verser la pâte dans le moule. La parsemer d'amandes effilées et enfourner pour 25 minutes. (Il est primordial de ne pas ouvrir le four durant cette cuisson pour éviter que la pâte s'affaisse.)

Réalisation de la crème mousseline

Préparer la crème pâtissière :

1. Faire bouillir le lait et la vanille dans une casserole.
2. Mélanger au fouet les jaunes d'œufs et le sucre dans un cul-de-poule, puis ajouter délicatement la farine.
3. Verser le lait chaud sur le mélange tout en fouettant énergiquement jusqu'à obtenir une crème bien lisse.
4. Remettre sur le feu et faire épaissir en remuant délicatement pendant 10 minutes.
5. Retirer la casserole dès les premières petites ébullitions, puis réserver.

Préparer la crème au beurre :

1. Incorporer le beurre pommade dans la cuve d'un robot, ajouter 50 g de sucre glace et mixer.
2. Une fois le mélange bien lisse, incorporer les jaunes d'œufs préalablement battus et mixer de nouveau.

Le montage:

1. Incorporer la crème au beurre à la crème pâtissière en fouettant énergiquement.
2. Incorporer le praliné tout en continuant de fouetter jusqu'à obtenir une belle texture crémeuse uniforme.
3. Verser la crème dans une poche munie d'une douille cannelée (n° 13).
4. Découper la couronne de chou et retirer le chapeau à l'aide d'un couteau à dents.
5. Garnir généreusement la base de crème mousseline, puis ajouter quelques amandes effilées.
6. Remettre le chapeau en appuyant très légèrement et le saupoudrer légèrement de sucre glace à l'aide d'une passette.
7. Déposer le paris-brest sur un beau plat de service.

Les mots du chef

Un de mes desserts favoris, qui ne cesse de me rappeler mes origines maternelles et mes vacances sur le littoral de cette si belle région ! Dessert phare de la pâtisserie française, le paris-brest est devenu mythique grâce à sa légendaire forme de roue, hommage à la course cycliste qui lui a donné son nom, mais aussi et surtout pour sa crème pralinée légère et sa pâte à choux délicieuse. Un dessert divin revisité par mes soins qui comblera toutes les papilles !

Le Sang à la tête, 1956.

Automne 1940

1974

La Belle Marinière (1932), avec Madeleine Renaud et Rosine Deréan .

Index des recettes

Filmographie

Années 1930

1930 : *Chacun sa chance* d'Hans Steinhoff et René Pujol : Marcel Grivot, un vendeur
1931 : *Méphisto* d'Henri Debain et Georges Vinter : l'inspecteur Jacques Miral
1931 : *Paris Béguin* d'Augusto Genina : Bob, un cambrioleur
1931 : *Tout ça ne vaut pas l'amour* de Jacques Tourneur : Jean Cordier, un marchand de T.S.F.
1931 : *Gloria* d'Hans Behrendt et Yvan Noé : Robert Nourry, le mécanicien
1932 : *Cœur de lilas* d'Anatole Litvak : Martousse, un mauvais garçon
1932 : *Les Gaîtés de l'escadron* de Maurice Tourneur : le cavalier Fricot
1932 : *Cœurs joyeux* de Hanns Schwarz et Max de Vaucorbeil : Charles, un opérateur de cinéma
1932 : *La Belle Marinière* d'Harry Lachmann : Le capitaine de la péniche
1932 : *La foule hurle* de Jean Daumery : Joé Greer, un coureur automobile
1933 : *Pour un soir* de Jean Godard : Jean, un quartier maître en permission
1933 : *L'Étoile de Valencia* de Serge de Poligny : Pedro Savedra, un mécanicien du *Léone*
1933 : *Adieu les beaux jours* de Johannes Meyer, André Beucler : Pierre Lavernay, un jeune ingénieur
1933 : *Le Tunnel* de Kurt Bernhardt : Mac Allan, un ingénieur
1933 : *Du haut en bas* de Georg Wilhelm Pabst : Charles Boulla, un footballeur
1934 : *Maria Chapdelaine* de Julien Duvivier : François Paradis, un trappeur
1934 : *Zouzou* de Marc Allégret : Jean, l'orphelin électricien
1935 : *Variétés* de Nicolas Farkas : Georges, un trapéziste
1935 : *Golgotha* de Julien Duvivier : Ponce Pilate, le gouverneur
1935 : *La Bandera* de Julien Duvivier : Pierre Gilieth, le légionnaire
1936 : *La Belle Équipe* de Julien Duvivier : Jean, dit Jeannot, un ouvrier
1936 : *Les Bas-Fonds* de Jean Renoir : Pépél, dit « Waska », un cambrioleur
1937 : *Pépé le Moko* de Julien Duvivier : Pépé, un chef de bande à Alger
1937 : *La Grande Illusion* de Jean Renoir :le lieutenant Maréchal
1937 : *Le Messager* de Raymond Rouleau : Nicolas Dange dit « Nick »
1937 : *Gueule d'amour* de Jean Grémillon : Lucien Bourrache, dit « Gueule d'amour »
1938 : *Le Quai des brumes* de Marcel Carné : Jean, le déserteur
1938 : *La Bête humaine* de Jean Renoir : Jacques Lantier, un mécanicien de locomotive
1939 : *Le Récif de corail* de Maurice Gleize : Trott Lennard, un aventurier
1939 : *Le jour se lève* de Marcel Carné : François, un ouvrier sableur

Années 1940

1941 : *Remorques* de Jean Grémillon : André Laurent, capitaine du *Cyclone*
1944 : *L'Imposteur (The Impostor)* de Julien Duvivier : Clément, alias Maurice Lafarge, le condamné
1944 : *La Péniche de l'amour (Moontide)* d'Archie Mayo : Bobo, un aventurier
1946 : *Martin Roumagnac* de Georges Lacombe : Martin Roumagnac, un entrepreneur en maçonnerie
1947 : *Miroir* de Raymond Lamy : Pierre Lussac, un administrateur de biens
1949 : *Au-delà des grilles (Le Mura di Malapaga)* de René Clément : Pierre, le passager clandestin

Années 1950

1950 : *La Marie du port* de Marcel Carné : Henri Chatelard, un riche commerçant
1951 : *Pour l'amour du ciel (È più facile che un camelo…)* de Luigi Zampa : Carlo Bacchi, un riche industriel romain
1951 : *Victor* de Claude Heymann : Victor Messerand, un inventeur
1951 : *La nuit est mon royaume* de Georges Lacombe : Raymond Pinsard, un mécanicien locomotive
1952 : *La Vérité sur Bébé Donge* d'Henri Decoin : François Donge, un industriel dauphinois
1952 : *Le Plaisir* de Max Ophuls – adapatation de *La Maison Tellier* : Joseph Rivet, un menuisier
1952 : *La Minute de vérité* de Jean Delannoy : le docteur Pierre Richard
1953 : *Fille dangereuse (Bufere)* de Guido Brignone : Antonio Sanna, un chirurgien
1953 : *Leur dernière nuit* de Georges Lacombe : Pierre Ruffin, un employé de bibliothèque
1953 : *La Vierge du Rhin* de Gilles Grangier : Jacques Ledru, alias Martin Schmidt
1954 : *Touchez pas au grisbi* de Jacques Becker : Max-le-Menteur, un truand
1954 : *L'Air de Paris* de Marcel Carné : Victor Le Garrec, un entraîneur de boxe
1955 : *Napoléon* de Sacha Guitry : le maréchal Lannes
1955 : *Razzia sur la chnouf* d'Henri Decoin : Henri Ferré, dit « Le Nantais »
1955 : *French Cancan* de Jean Renoir : Henri Danglard, directeur de cabaret
1955 : *Le Port du désir* d'Edmond T. Gréville : le capitaine Lequevic
1955 : *Chiens perdus sans collier* de Jean Delannoy : le juge Julien Lamy
1955 : *Gas-oil* de Gilles Grangier : Jean Chape, un camionneur
1956 : *Des gens sans importance* d'Henri Verneuil : Jean Viard, un chauffeur routier
1956 : *Voici le temps des assassins* de Julien Duvivier : André Châtelin, un traiteur aux Halles
1956 : *Le Sang à la tête* de Gilles Grangier : François Cardinaud, un riche armateur de La Rochelle
1956 : *La Traversée de Paris* de Claude Autant-Lara : Grandgil, un artiste peintre
1956 : *Crime et Châtiment* de Georges Lampin : le commissaire Gallet
1957 : *Le Cas du docteur Laurent* de Jean-Paul Le Chanois : le docteur Laurent
1957 : *Le rouge est mis* de Gilles Grangier : Louis Bertain dit « Louis le Blond », un garagiste gangster
1958 : *Maigret tend un piège* de Jean Delannoy : le commissaire Jules Maigret
1958 : *Les Misérables* de Jean-Paul Le Chanois : Jean Valjean, un forçat évadé
1958 : *Le Désordre et la nuit* de Gilles Grangier : l'inspecteur Georges Vallois
1958 : *En cas de malheur* de Claude Autant-Lara : Maître André Gobillot, avocat
1958 : *Les Grandes Familles* de Denys de La Patellière : Noël Schoudler, un riche industriel
1959 : *Archimède le clochard* de Gilles Grangier : Joseph-Hugues-Guillaume Boutier de Blainville, dit « Archimède »
1959 : *Maigret et l'Affaire Saint-Fiacre* de Jean Delannoy : le commissaire Jules Maigret
1959 : *Rue des prairies* de Denys de La Patellière : Henri Neveux, un ouvrier parisien

Années 1960

1960 : *Le Baron de l'écluse* de Jean Delannoy : le baron Jérôme Antoine
1960 : *Les Vieux de la vieille* de Gilles Grangier : Jean-Marie Péjat, un réparateur de vélos
1961 : *Le Président* d'Henri Verneuil : Émile Beaufort, ancien président du Conseil
1961 : *Le cave se rebiffe* de Gilles Grangier : Ferdinand Maréchal, dit « Le Dabe », un truand
1962 : *Un singe en hiver* d'Henri Verneuil : Albert Quentin, un hôtelier
1962 : *Le Gentleman d'Epsom* de Gilles Grangier : Richard Briand-Charmery, dit « Le Commandant »
1963 : *Mélodie en sous-sol* de Henri Verneuil : Charles, un truand
1963 : *Maigret voit rouge* de Gilles Grangier : le commissaire Jules Maigret
1964 : *Monsieur* de Jean-Paul Le Chanois : René Duchesne, dit « Monsieur »
1964 : *L'Âge ingrat* de Gilles Grangier : Émile Malhouin, un contremaître
1965 : *Le Tonnerre de Dieu* de Denys de La Patellière : Léandre Brassac, un vétérinaire
1966 : *Du rififi à Paname* de Denys de La Patellière : Paul Berger, dit « Paulo les diams », un truand
1966 : *Le Jardinier d'Argenteuil* de Jean-Paul Le Chanois : M. Martin, dit « Père Tulipe », un faux monnayeur
1967 : *Le Soleil des voyous* de Jean Delannoy : Denis Ferrand, un ancien truand
1968 : *Le Pacha* de Georges Lautner : le commissaire Louis Joss
1968 : *Le Tatoué* de Denys de La Patellière : le comte Enguerrand de Montignac, dit « Legrain »
1969 : *Sous le signe du taureau* de Gilles Grangier : Albert Raynal, un industriel inventeur
1969 : *Le Clan des Siciliens* d'Henri Verneuil : Vittorio Malanese, un truand

Années 1970

1970 : *La Horse* de Pierre Granier-Deferre : Auguste Maroilleur, propriétaire terrien en Normandie
1971 : *Le Chat* de Pierre Granier-Deferre : Julien Bouin, un ancien typographe
1971 : *Le drapeau noir flotte sur la marmite* de Michel Audiard : Victor Ploubaz, un aventurier mythomane
1972 : *Le Tueur* de Denys de La Patellière : le commissaire Le Guen
1973 : *L'Affaire Dominici* de Claude Bernard-Aubert : Gaston Dominici, le patriarche
1973 : *Deux Hommes dans la ville* de José Giovanni : Germain Cazeneuve, un éducateur
1974 : *Verdict* d'André Cayatte : le président Leguen
1976 : *L'Année sainte* de Jean Girault : Max Lambert, le vieux caïd

Remerciements

Mathias Moncorgé,
Gitte et Philippe Allaire du Haras de Bouttemont,
Elisabeth Allaire,
Thierry Billard,
la Société des Amis du Musée Jean Gabin
le Musée Jean Gabin,
Patrick Glâtre,
Franck Montenbault,
la famille Chesnot,
la ferme du Moncel et la famille Lereverend,
Christophe Toulorge,
Thierry Ardisson.

Crédits photographiques

Toutes les photographies de recettes sont d'Yves Duronsoy.

Couverture :
Collection Christophel / Thierry Billard
Yves Duronsoy

Collection de l'auteur :
P. 2 ; p. 4 ; p. 10 ; p. 11 ; p. 15 (milieu et bas) ; p. 16 (bas) ; p. 19 ; p. 20 ; p. 23 (haut et bas) ; p. 38 ; p. 41 ; p. 46 (bas) ; p. 48 (haut) ; p. 49 ; p. 66 (bas) ; p. 78 ; p. 79 (bas) ; p. 80 ; p. 81 ; p. 87 ; p. 92 ; p. 97 ; p. 112 (bas droite) ; p. 134 (gauche) ; p. 135 (haut droite et bas gauche) ; p. 144 (bas) ; p. 145 ; p. 155 ; p. 161 ; p. 168 (bas) ; p. 169 ; p. 177 ; p. 181-184, p. 191.

Collection Christophel :
P. 14 ; p. 18 (bas) ; p. 58 (haut) ; p. 59 (bas) ; p. 100 (bas) ; p. 101 ; p. 112 (gauche) ; p. 113 ; p. 160 ; p. 168 (haut gauche).

Bridgeman :
P. 15 (haut) ; p. 16 (haut) ; p. 17 ; p. 18 (haut et milieu) ; p. 23 (milieu) ; p. 39 (haut et milieu) ; p. 40 (bas) ; p. 48 (bas) ; p. 58 (bas) ; p. 59 (haut) ; p. 82 (haut gauche) ; p. 88 ; p. 89 ; p. 104 ; p. 105 (bas) ; p. 112 (haut droite) ; p. 122 (gauche) ; p. 123 ; p. 134 (droite) ; p. 144 (haut) ; p. 168 (haut droite).

Alamy :
P. 66 (haut) ; p. 67 ; p. 82 (haut droite) ; p. 83 ; p. 93.

Jean-Claude Amiel :
P. 12 ; p. 21 ; p. 22 ; p. 47 ; p. 50 ; p. 51.

Roger Viollet :
P. 6 ; p. 40 (haut) ; p. 79 (haut) ; p. 135 (bas droite).

Yves Duronsoy :
P. 8 ; p. 36 ; p. 156.

Gamma Rapho – Keystone :
P. 39 (bas) ; p. 46 (haut).

D.R. : P. 76 ; p. 96 ; p. 100 (haut)

Jean Gabin avec sa femme Dominique

DIRECTION GÉNÉRALE
Elsa Lafon

DIRECTION ARTISTIQUE
Marion Gouazé

DIRECTION ÉDITORIALE
Marie Dreyfuss

SUIVI ÉDITORIAL
Maëlle Maigne

CORRECTIONS
Béatrice Argentier et Chantal Nicolas

FABRICATION
Christian Toanen
Nikola Savic

COMMERCIAL
Barbara Pilley

MARKETING
Frédéric Guyomard

PRESSE
Anne Procureur

COMMUNICATION DIGITALE
Juliette Recolin

PHOTOGRAVURE
Press Prod

Achevé d'imprimer en UE
Dépôt légal : septembre 2023
ISBN 13 : 978-2-7499-5429-5
LAF : 3368